U0085888

文經閣

貧者因書而富
富者因書而貴

文經閣

貧者因書而富
富者因書而貴

先秦經典智慧名言故事叢書

張樹驊◎主編

韓非子

智慧名言故事

張富祥◎編著

《韓非子》是我國古代著名的法家著作，一向被認為是法家學說集大成的作品。現存的版本共收錄五十五篇文章，分為二十卷。韓非思想體系的整體思想是法、術、勢合一。韓非的思想廣博深刻，並不止於法家理論。他對先秦各種思想的綜合、消化、改造和反思本身就是一種不可忽視的遺產。《韓非子》中還保存了大量重要的歷史資料和寶貴的歷史觀點，歷來受史學家的重視。在文學上，韓非的作品也以雄偉森嚴、深刻明切而又激越犀利、嚴峻峭拔的獨特風格卓然自成一家，被稱為先秦散文的「四大台柱」之一。

唯法治國

導讀

《韓非子》是我國古代著名的法家著作，一向被認為是法家學說集大成的作品。

作者韓非（約前二八〇～前二三三年），戰國後期韓國人，為韓國宗室貴族。他為人口吃，不善言談而善於寫作。早年曾從學於著名學術大師荀子，專攻「刑名法術之學」，與李斯為同學。後來他見本國日益削弱，為西鄰迅速強大起來的秦國所欺凌，曾屢次上書韓王，建議修明法制，救亡圖存。韓王不能用，於是他發憤著書，先後完成了《孤憤》、《五蠹》、《說難》等著作，共十餘萬字。

韓國最後一位君主韓王安即位後，他曾一度參與國政，與韓王安共同籌畫抵禦強秦的策略，但已無力挽回韓國江河日下的局面。據說他的著作傳到秦國，秦王政（即後來的秦始皇）看到後大為驚異，遂急發兵攻韓，韓王安被迫派韓非出使秦國。韓非到秦國後，因為勸秦王保存韓國，結果不得秦王的信任。第二年，由於李斯的嫉妒和客卿姚賈的陷害，他被投入監獄。李斯旋即派人送毒藥至獄中，他想見秦王辯白而不得，遂服毒自殺。等秦王下令赦免韓非時，韓非已死。

韓非的著作後來被編成《韓非子》一書，現存的版本共收錄五十五篇文章，分為二十卷。其中有少量作品可能是韓非後學增補的，不過大部分篇章是韓非的原作，可以全面地反映韓非的法家思想。

韓非思想體系的整體面貌是法、術、勢合一。關於「法治」，他強調一切功罪賞罰要嚴格按成文法實施，禁止任何人（包括君主在內）以「私行」妨害「公法」；強調在法律面前人人平等，「刑過不避大臣，賞善不遺匹夫」；主張順應時勢而變法與在一定時期內保持法令的穩定相統一等等。這些都具有普遍的借鑑意義。不過他繼承商鞅的法治思想，主張少賞多罰和輕罪重判，也有流於嚴刑酷法的重刑主義傾向。關於「術治」，他所關注的唯一主題是君主「治臣」之術，其中除了對「無為而治」名義下有關行政手段的論說外，更多的是對在他看來只有人主才可以採取的種種政治權謀的刻意描述。這方面的言論貫穿於《韓非子》全書中，有許多尖銳的人情觀察和精密的心理分析顯得十分搶眼，而他所特有的那種毫無顧忌和遮掩的表達方式也讓人吃驚。他把一切人際關係（包括君臣、父子、夫妻關係）都看成是相互算計和利用的關係，十分典型地反映了法家走向極端的非情感態度和功利價值觀。關於「勢治」，韓非反覆論說的也是人主怎樣才能保持自己的權勢、權位和權威。

韓非所處的時代，戰國紛爭接近尾聲，「秦王掃六合」的大趨勢已經形成，君主專制的大一統政權呼之欲出。單就這一趨勢而言，韓非宣導中央集權的思想是符合歷史潮流的。《韓非子．揚權》篇所說的「事在四方，要在中央；聖人執要，四方來效」，就可以看作是為秦王朝的建立所描繪的一幅藍圖。秦王朝建立後所採取的法治措施，也多與韓非的主張相合。後世統治者因為宗奉儒家思想，又因為韓非的「術治」理論過於刻薄露骨，所以通常不大喜歡張揚韓非的書，但在暗地裡卻又未嘗不加以研究和運用。

實際上，中國傳統政治文化的基調還是「陽儒陰法」，法家思想始終是和儒家思想、道家思想並存的主導性意識形態。韓非的全部政治理論對中國兩千多年傳統政治的影響之大，實在不可低估。

現在我們重視《韓非子》，首先是把它當作傳統文化史上的名著來看待的。韓非的思想廣博深刻，並不止於法家理論。他對先秦各種思想的綜合、消化、改造和反思本身就是一種不可忽視的遺產。即使他所津津樂道的「帝王之術」，雖不免赤裸裸地顯示出獨裁政治的卑鄙骯髒和陰險殘酷，但如果知其偏弊而反向思考，也未嘗不可以作為救治文化痼疾的猛藥。

韓非的思想中還包含著深刻的辯證意識，如「矛盾」之說就是由他創始的，儘管他的法術言論並不總能掌握穩妥的對立統一尺度。《韓非子》中還保存了大量重要的歷史資料和寶貴的歷史觀點，歷來受到史學家的重視。在文學上，韓非的作品也以雄偉森嚴、深刻明切而又激越犀利、嚴峻峭拔的獨特風格卓然自成一家，被稱為先秦散文的「四大台柱」之一。這些都是我們編寫《韓非子智慧名言故事》的出發點和著眼點。

這本小冊子的體例，共分名言、要義、故事三部分。名言的原文仍按原書的篇章順序編排，名言的選擇力求以典型性為準。這種典型性不大容易把握，特別是像《韓非子》這樣內容複雜的書。我們的考慮，一方面是注重所選言論能夠體現中國傳統文化的主體精神或主流觀念，具有積極的意義且至今仍有生命力，相對來說流傳也較廣；另一方面，也考慮到《韓非子》一書的主導觀念或特殊語境，適當選擇一些能夠反映韓非本人或法家學派特有觀念的代表性言論。

這樣，對所選名言本身就未可一概作正面的肯定性理解，有些還須參照法家的立場和理念進行批判性的審查。這類問題我們盡可能地在要義部分作些說明，但要義部分仍以詮釋原文的基本含義為主，其餘內容（包括注釋、背景材料及現代啟示等）一般從簡。故事部分，由於《韓非子》原書中故事較多，我們在編寫時便盡量就原書所載選取，以求與名言原文更相契合；但原書故事拘於法家思想，侷限性也較大，不盡適用，所以我們也根據具體情況從其他書中選取了一些故事。選取的原則是由名言引出故事，以故事解讀名言，希望讀者能透過這種形式加深印象，由言、事而明理，獲得某些有益的心得和啟示。

杜蕢論言與不言

【名言】

不知而言，不智；知而不言，不忠。

——《初見秦第一》

【要義】

不懂裝懂而發表意見，是不明智的，也不聰明；知道事情的原始而不發表言論，則是不忠誠。這句話揭示了「言」與「知」、「智」與「忠」之間的辯證關係，強調為臣者對君主要忠誠，要知而後言，盡其所知而暢所欲言。

【故事】

春秋時，按照《周禮》規定的禮儀，卿、大夫死了，在沒有安葬之前，國君是不能喝酒奏樂的。

一次，晉國大夫知悼子死了，還沒有安葬，晉平公就在宮裡喝起酒來，太師師曠和大臣李調在旁邊陪著，並擊鐘奏樂助興。

晉平公的廚師杜蕢（蕢音ㄎㄨㄟˋ）從外面回來，聽到那悠揚的鐘聲，就問：「君侯在哪裡？」侍從回答說：「在寢宮。」

杜蕢沿台階而上，走進寢宮，遠遠望見晉平公和師曠、李調三人正在飲酒作樂，便走上前去，斟滿一杯酒，以命令的口吻對師曠說：「師曠，你喝乾這一杯！」

師曠莫名其妙，但見杜蕢那嚴肅的神情，只好把這杯酒喝了。接著，杜蕢又斟滿一杯酒，對李調說：「李調，你喝乾這一杯！」李調也只好把這杯酒喝了。

最後，杜蕢又斟滿了第三杯酒，他自己在殿堂上面向北方跪著，把這杯酒一飲而盡。然後，邁著小碎步走下台階，快步往寢宮外走去。

晉平公莫名其妙，就派人把杜蕢喊了回來，很不高興地說：「杜蕢，剛才你進來的時候，我以為你心裡有話想對我說，所以沒有跟你說話。你罰師曠喝酒，是什麼意思？」

杜蕢斂容施禮，回答說：「按禮儀規定，每逢子卯忌日君主不得飲酒作樂。如今知悼子的靈柩還停放在殿堂上，這種事情比子卯忌日要嚴重得多。師曠是太師，他明明知道這道理，卻不把這道理告訴您，所以我罰他喝一杯酒。」

晉平公又問：「那麼你罰李調喝酒，又是為什麼？」

杜蕢回答說：「李調是君侯寵信的近臣，他為了貪吃貪喝，竟忘掉君侯應該忌諱的事情，所以也罰他一杯。」

晉平公又問：「那麼你自己也喝一杯，又是什麼意思呢？」

杜蕢回答說：「我聽說：不知道就說，是不明智；知道了不說，是不忠誠。我是一個廚師，本應專心供應刀匙餐具和精美的食物，卻膽敢越職瞭解這種事情。瞭解了之後，又膽敢越職防止這種事情，所以罰自己一杯。」

晉平公聽了杜蕢的話，感到他批評得很對，慚愧地說：「我也有錯誤，請斟上酒，也罰我一杯吧！」杜蕢把酒杯洗乾淨，斟滿一杯酒，高高舉起獻給晉平公。晉平公喝乾了這杯酒，然後對身邊的侍從說：「把這個酒杯保存起來，如果我死了，也一定不要丟掉這個酒杯！」

一直到今天，每當主人向客人敬酒以後，還要把酒杯高高舉起來。人們把這種舉動稱做「杜舉」。

一以當十，所向無敵

【名言】

一人奮死可以對十，十可以對百，百可以對千，千可以對萬，萬可以克天下矣。

——《初見秦第一》

【要義】

克，戰勝。意思是說，如果一個人奮勇拚死，就可以對付十個人，十個人就可以對付一百個人，一百個人就可以對付一千個人，一千個人就可以對付一萬個人，一萬個人就可以戰勝天下。

韓非子認為，只要賞罰分明，讓大家有功名責任感，老百姓就會奮勇爭先，拚死殺

敵，以殺敵為榮，雖死而不畏。戰士們就會視死如歸，奮勇殺敵，就可以一以當十，所向無敵。

【故事】

秦朝末年的時候，天下紛亂，各地揭竿而起，紛紛起義，反抗秦朝的暴政。同時，為了不同的利益相互混戰。

出身於楚國舊貴族的項梁在薛城召開會議。這時陳勝、吳廣、周文等幾個起義首領已經死了，六國貴族成為新的反秦力量。會中，大家採納范增的建議，共同擁立楚王的孫子為王，也稱楚懷王，號令起義軍。立楚懷王後，聲勢大振，項梁親自統率軍隊，接連打了幾回勝仗，打敗了秦朝大將章邯的進攻。不久，項羽、劉邦帶領另一支隊伍，也取得了勝利，殺了秦將李由，形勢一片大好。這時，項梁不由得驕傲起來，認為秦軍沒有什麼了不起，放鬆了警惕。而章邯卻重新補充了兵力，捲土重來，趁項梁不防備，發動了猛烈地反撲。反秦部隊大敗，項梁為自己的驕傲付出了代價，在戰鬥中被殺。項羽、劉邦也只好退守彭城。

秦將章邯打敗項梁，認為楚軍大傷元氣，不足為患，便撇開這一邊，揮師北上，進攻趙國，很快就攻下了趙國都城邯鄲，趙王歇逃到鉅鹿（今河北平鄉西南）。

章邯於是派秦將王離把鉅鹿包圍起來，自己帶領大軍駐紮在鉅鹿南面的棘原。為給部隊迅速補充給養，他還派兵在棘原和鉅鹿之間修築了一條糧道，給王離的部隊運送糧草。

趙王歇接連不斷地派人向楚懷王求救。當時，楚懷王的部隊經過休整補充，已恢復了元氣，正想往西進攻咸陽。項羽急於想為叔父項梁報仇，聞訊要求帶兵進關。

楚懷王身邊有些老臣認為不可，就對楚懷王說：「項羽性子太過暴躁，殺人太多；劉邦性情寬仁，是個忠厚之人，不如派他去更好。」楚懷王於是就派劉邦為主帥攻打咸陽，另派宋義為上將軍，項羽為副將，帶領二十萬大軍到鉅鹿去救趙國。

秦二世三年（前二〇七年），宋義帶領的大軍到了安陽（今河南安陽東南），聽說秦軍聲勢浩大，就命令楚軍停了下來，想等秦軍和趙軍打上一陣，讓秦軍消耗掉一部分兵力，再趁機進攻。

宋義按兵不動，在安陽一停就是四十多天。項羽耐不住性子，就對宋義說：「秦軍包圍了鉅鹿，形勢如此緊急，不如咱們趕快渡河過去，與趙軍配合裡外夾擊，一定能夠打敗秦軍。」

宋義不以為然地說：「現在秦軍攻打趙軍，兩者都在消耗力量。等他們彼此消耗得差不多時，我們再乘其疲勞力消打一個勝仗。我們還是等秦軍和趙軍決戰以後再說。」他又對項羽說：「上陣披堅執銳，跟敵人交鋒，我比不上你；要說坐在帳篷裡出個計策，你就比不上我了。」

他還下了一道命令：「將士們雖然如虎一般勇猛，求戰心切，但如有不服從指揮的，就得按軍法砍頭！」

這道命令分明是針對項羽的，項羽氣得要命。這時候已經是十一月的天氣，北方天冷，又碰著大雨。宋義按兵不動，整天在大帳中飲酒作樂，而楚營裡軍糧接濟不上，兵士們受凍挨餓，都抱怨起來，紛紛找項羽訴苦。

項羽說：「現在軍營裡已沒有糧食，但是將軍卻按兵不動。自己喝酒作樂，這樣不顧國家，不體諒兵士，哪裡像個大將的樣子呢？」第二天，眾人議事的時候，項羽又與宋義爭辯，一怒之下，拔出劍來把宋義殺了。他提了宋義的頭，對將士說：「宋義背叛了楚懷王，我奉大王的命令，已經把他處死了。」

將士們大多是項梁的老部下，宋義在將士中本來也沒有什麼威望，大夥見項羽把他殺了，都表示願意聽項羽指揮，說：「首先倡議楚國的原來就是將軍您項家，現在把背叛的人殺了，您正好代替他為上將軍，統領全軍。我們願意聽從您的號令。」

項羽把宋義被處死的事派人報告了楚懷王。楚懷王雖然很不滿，也只好任命項羽為上將軍。項羽領軍後，賞罰分明，嚴明軍紀，部隊士氣大漲。

不久，項羽派英布等人率領兩萬人做先鋒，渡過漳水，打敗了前來阻擋的司馬欣幾萬秦兵，佔領了對岸，切斷秦軍糧道，把章邯和王離的軍隊分割開來。然後，項羽率領主力渡河。渡過了河，項羽命令將士每人帶三天的乾糧，把軍隊裡做飯的鍋全砸了，把渡河的船隻全鑿沉了，對將士們說：「咱們這次打仗，有進無退，三天之內，一定要把秦兵打退。」並告訴大家英勇殺敵，立功受獎；臨陣退卻，軍法處置。

項羽的決心和勇氣對將士產生了很大的鼓舞作用。楚軍把王離的軍隊包圍起來，個個士氣振奮，愈打愈勇。一個人抵得上十個秦兵，十個就可以抵上一百。經過九次激烈戰鬥，活捉了王離，後又打敗了章邯。其他的秦軍將士有被殺的，也有逃走的，圍困鉅鹿的秦軍就這樣瓦解了。

當時，各路諸侯應趙王之邀來解鉅鹿之圍的有十幾路人馬。可是他們害怕秦軍強大，都紮下營寨，不敢跟秦軍交鋒。這會兒，聽到楚軍震天動地的喊殺聲，全都擠在壁壘上看。他們瞧見楚軍橫衝直撞殺進秦營的情景，嚇得伸著舌頭，屏住了氣。等到項羽打垮了秦軍，請他們到軍營來相見的時候，他們還都心有餘悸，嚇得連頭也不敢抬起來。

大家稱頌項羽說：「上將軍的神威真了不起，從古到今再也沒有第二個人可與您相比。我們情願聽從您的指揮。」

從此，項羽成了各路反秦義軍的首領，聲威大震。

定事以計

【名言】

計者，所以定事也，不可不察也。

——《存韓第二》

【要義】

計謀被廣泛運用於政治、外交、軍事等領域，在事情成敗中具有相當重要的作用，是不能不深察的。凡事都需善用心計，多算者勝，少算者敗。計謀實際上是處理事物衝突的一種技巧和智慧，一方面需遵循事物的發展規律，一方面要綜合考慮多種因素，權衡利害而行。

【故事】

齊國有一位大將軍名叫田忌，很喜歡賽馬。有一回，他和齊威王約定，要進行一場比賽。賽前他們商定，把各自的馬按優劣分成上、中、下三個等級，分別進行不同級別的比賽。全部比賽實行三局兩勝制，誰先獲勝兩場，誰就是最後的贏家。

在眾多大臣的吶喊助威聲中，比賽開始了。第一局比賽，田忌用自己的上等馬對陣齊威王的上等馬，開始階段還旗鼓相當，但比賽進行到衝刺階段，眼看著齊威王的寶馬愈跑愈快，以較大的優勢衝過了終點。

緊接著進行的是中等馬對中等馬、下等馬對下等馬的比賽。由於齊威王每個等級的馬都比田忌的馬強得多，所以比賽了幾次，田忌都失敗了。

田忌覺得很掃興，比賽還沒有結束，就垂頭喪氣地想離開賽馬場。這時，他忽然聽到有人喊他，抬頭順著聲音傳來的方向一看，見人群中有個人在向自己打招呼，原來是自己的好朋友孫臏。孫臏招呼田忌過來，拍著他的肩膀說：「我剛才看了比賽，其實大王的馬比你的馬快不了多少呀。」

孫臏還沒有說完，田忌瞪了他一眼：「想不到你也來挖苦我！」

孫臏說：「我不是挖苦你，我是說你再和他賽一次，我有辦法讓你能一定贏了他。」

田忌疑惑地看著孫臏：「你是說另換幾匹馬來？」

孫臏搖搖頭說：「一匹馬也不需要更換。」

田忌毫無信心地說：「那還不是照樣得輸！」

孫臏胸有成竹地說：「你就按照我的安排辦事吧。」

齊威王三戰皆勝，正在得意洋洋地向大臣們誇耀自己的馬匹，他見田忌陪著孫臏迎面而來，便站起來譏諷地說：「怎麼，莫非你還不服氣？」

田忌說：「當然不服氣，咱們再賽一次！」

齊威王一看，心裡暗暗好笑，輕蔑地說：「那就開始吧！」

一聲鑼響，比賽開始了。孫臏先以下等馬對齊威王的上等馬，第一局輸了。齊威王站起來說：「想不到赫赫有名的孫臏先生，竟然想出這樣拙劣的對策。」

孫臏不去理他，接著準備進行第二場比賽。孫臏用上等馬對齊威王的中等馬，結果勝了一局。齊威王有點心慌意亂了。

第三局比賽，孫臏拿中等馬對齊威王的下等馬，又勝了一局。這下，齊威王目瞪口呆，一句話也說不出。比賽的結果是三局兩勝，當然是田忌贏了齊威王。

還是同樣的馬匹，由於調換了一下比賽的出場順序，就得到轉敗為勝的結果。這就是計謀的作用。

以智說愚必不聽

【名言】

以至智說至聖，未必至而見受，伊尹說湯是也；以智說愚必不聽，文王說紂是也。

——《難言第三》

【要義】

至，極、最。伊尹，商初大臣，名伊，尹是官名，一說名摯（摯音ㄓˋ）。湯，商朝開國君主。文王，商末周族領袖，姓姬，名昌。紂，商代最後的君主，亦稱帝辛。

用最聰明的才智之士去進說最聖明的人，未必一到就被接受，伊尹向湯進言就是這種情況；而用聰明的才智之士去進說愚蠢的人，必定不被接受，周文王進說商紂就是這種

情況。這段話指出了臣下向君主進言的困難，幸運的是幾經磨難而終為明君採納，不幸的則觸怒龍顏而招致殺身之禍。

韓非列舉了歷史上許多有才能的人因向昏庸的君主進言而遭到殺害的事實，勸告君主從中汲取教訓，廣納人言。其實進言之難不僅僅在於君主，凡人也是如此。中肯的意見既不順耳，又不讓人舒服，而聰明的人就能夠聽進去。這就如同藥石之於病體，諱疾忌醫，是最大的悲哀。

【故事】

遠古時，夏朝最後的一個王夏桀在位，他是中國歷史上有名的暴君。

商是此時黃河下游的一個部落，在首領湯的率領下，勢力漸漸發展壯大起來，但苦於人才缺乏。這時，商湯妻子帶來的陪嫁奴隸中，有一個名叫伊尹的人，脫穎而出，走上了歷史舞台。

伊尹原名伊摯，據說他的母親有一次外出採桑，在空桑（今河南開封陳留）生下了他。因當時母親住在伊水之濱，他便以「伊」為姓。伊摯自幼被賣予有莘國君為奴隸。他聰慧機敏，酷愛學習，知識淵博。因燒得一手好飯菜，得到有莘國君的賞識，便讓他擔任招待賓客的廚師，地位在一般奴僕之上。然而，伊尹對此並不滿足，他懷有遠大的志向，希望有朝一日能夠成就一番轟轟烈烈的事業。於是他便藉迎來送往、招待賓客之機，從賓客們口中瞭解天下大事。

當他瞭解到商的發展和商湯的種種「賢德仁義」舉措以及雄心壯志之後，在內心便對商湯十分嚮往，非常希望成為湯的部下，跟隨他成就一番大事。這時機會來了。

有一次，商的左相仲虺（虺音ㄏㄨㄟˇ）因公事從有莘國過境，在有莘國逗留數日。伊尹藉招待他的機會，多次與他接觸。交談中，仲虺發現伊尹是個難得的人才，不禁喜出望外。返回商國後，他便將伊尹的詳情稟告了商湯。

不久，商與有莘國結親。仲虺便趁機向有莘國提出讓伊尹作為陪嫁奴隸，獲得有莘國君同意。於是，伊尹便隨著有莘國君的女兒陪嫁到商湯家中。初到商湯家中時，並未引起商湯注意，商湯聽說他烹調技術高超，便打發他到廚房工作。伊尹身為廚師，便趁機接近商湯，常常利用烹調作比喻向商湯陳說自己的政治見解，先後達七十次，但商湯均不為之所動，而伊尹也並不灰心。

一天，伊尹故意將幾樣菜蔬或做得淡而無味，或做得鹹不入口，一同獻予商湯。商湯果然大為不滿，立刻召伊尹前來問話。伊尹對商湯說：「大王，燒菜既不能過鹹，也不能太淡。過鹹則難於下嚥，太淡則無滋味。治理國家也是同樣的道理啊！既不能操之過急，急則生亂；又不能鬆弛懈怠，懈怠必然導致國事荒疏。」商湯點頭稱是。

伊尹停頓了一下，見商湯正聚精會神地聽，便繼續說道：「如今，夏王桀荒淫無度，昏庸暴虐，民心盡失，天下紛亂，黎民百姓飽受其苦，恨之入骨。而大王您以仁德治國，伸張正義，取信於民，已是眾望所歸，為當今天下唯一賢明的君主。大王應適時起兵，伐夏救國，拯救萬民於水火之中，成就驚天動地的偉業。伊尹雖為卑下的奴僕，卻早有追隨大王之心，如大王不鄙視我，願跟隨大王全力效勞。」隨後，伊尹詳盡分析了天下大勢，論述了消滅夏朝的具體步驟和策略。

商湯聽得怦然心動，發現自己廚房中的奴隸竟是如此出色的人才，便當即發佈命令，解除伊尹的奴隸身分，並任命他為「尹」，即右相，與仲虺一同輔佐朝政，共同籌畫滅夏大計。從此人們便叫他伊尹。

此後，在伊尹的策劃下，商湯大力推行德政，體恤百姓，發展生產，招兵買馬，擴展勢力，國力迅速增強。最終，推翻了夏王朝，建立了商朝。

商王朝延續了幾百年，日漸衰落。

商朝最後一個王叫做紂。紂原來是一個相當聰敏又有勇氣的人。他早年曾經親自帶兵和東夷進行了一場長期的戰爭。他很有軍事才能，在作戰中百戰百勝，最後平定了東夷，把商朝的文化傳播到淮水和長江流域一帶。

戰爭結束後，天下歸於太平。紂王居功自傲，得意非凡，以為天下無人能與自己相提並論，就開始了窮奢極欲的生活。

紂王嗜好飲酒，又喜愛美女。他有一年輕貌美的寵妃，名叫妲（妲音ㄉㄚˊ）己。紂王對她是言聽計從，百依百順。為討妲己的歡心，紂王命一個名叫師涓的樂師譜寫了一些淫靡的音樂，又命舞女們脫去衣裙，赤身裸體在靡靡之音中跳舞，供他們欣賞作樂。紂王還增加賦稅，調集人力，在商朝別都朝歌（今河南淇縣）城中為妲己修建了一座名叫「鹿台」的豪華宮殿。鹿台一側又修建苑囿，豢養大批狗馬奇物、野獸奇鳥。鹿台另一側建築「鉅橋」，為一巨大倉庫，糧食穀物堆積如山。紂王還令人挖掘深池，池內注滿美酒，作成「酒池」，又命人將煮熟的肉切成片，懸掛於樹枝之上，稱為「肉林」。紂王驅使宮中男女裸體在酒池、肉林中奔突嬉戲，他與妲己一邊飲酒，一邊觀賞作樂，通宵達旦，淫樂之聲傳於數里之外。

紂王一邊過著窮奢極欲的生活，一邊還用各種殘酷的刑罰來鎮壓人民。他發明了一種叫做「炮烙（音ㄆㄠˊ ㄌㄨㄛˋ）」的刑罰，凡是諸侯背叛他或者百姓反對他，他就把人捉來放在燒紅的銅柱上活活烤死。

為鎮壓諸侯各國的反抗，紂王命西伯姬昌、九侯、鄂侯三人為三公，授予特權，命他們討伐那些敢於反抗的諸侯各國。

九侯有一女兒，如花似玉，極為標緻。紂王聽後，強行索要。九侯畏懼紂王的淫威，不敢不從，只得將女兒送入王宮。九侯的女兒品行端正，舉止莊重，她厭惡紂王的荒淫生活，

拒絕與紂王一同尋歡作樂。紂王大怒，竟下令將她殺害。紂王殺死九侯之女後，仍然餘怒未消，又遷怒於九侯，便下令將九侯處死。

鄂侯見此情景，連忙出面勸阻紂王說：「九侯身為三公大臣，怎能隨意處死？請大王看在老臣的情面上，寬恕了他吧！」

紂王非但不聽，反而更加暴怒，下令衛兵將鄂侯押出宮外與九侯一同斬首，並將二人的肉割下，做成肉醬和肉脯分送給朝廷大臣和各諸侯。

西伯姬昌接到紂王派人送來的肉醬和肉脯，大為震驚，他注視著盛放肉醬、肉脯的器具，一臉悲戚，口中連聲嘆息，淚水潸然而下。從此之後，他稱病不朝，整日住在官邸裡足不出戶。

西伯姬昌的舉動引起了紂王心腹大臣崇侯虎的注意，他向紂王告密說：「西伯姬昌與九侯、鄂侯同為三公，為九侯、鄂侯之死，他對大王心懷不滿。西伯姬昌擔任要職，極善於以假仁假義收買人心，騙取許多人的信任。他在自己的邦國中網羅天下豪傑賢士，授予官位，周圍邦國諸侯紛紛與其結交，他的名聲現已超過大王。這樣危險的人物，大王不可不防。」

崇侯虎的話引起了紂王的疑慮，他立刻下令將西伯姬昌拘捕，囚禁在羑（羑音ㄧㄡˇ）里。相傳羑里是商朝的監獄所在地。監獄環境惡劣，在地面上鑿一深窖，深窖上覆蓋石板，板上開一天窗。西伯姬昌被囚於深窖之中，其痛苦可想而知。

西伯姬昌的長子伯邑考聞訊，立即求見紂王，他對紂王說：「我父得罪大王，被大王囚禁，我身為長子，願做人質替父服刑，請求大王赦父回國。」紂王不聽，下令將伯邑考扣押，關入監獄。

西伯姬昌被紂王關入監獄之後，對紂王的暴虐荒淫十分痛恨，後又聽說自己的兒子為救自己亦陷入牢獄之中，對紂王愈加憎恨。但囿於身陷虎口，隨時都有生命危險，故不得不委曲求全，表面上假裝恭敬順從，以求保全性命，為日後復仇。在漫長而又單調無聊的監獄生活中，西伯姬昌為了消磨時間，便埋頭分析、鑽研古代伏羲氏時流傳下來的八卦圖，並將自己每日的研究結果記錄下來，久而久之，竟編集成了《周易》這部書。於是，天下人都稱讚西伯姬昌說：他身處困境，竟能著成如此出色的著作，不愧是一位大賢人啊！

紂王聞聽此話，十分惱怒。崇侯虎又趁機對紂王獻計說：「大王不必煩惱，天下萬民誰不知大王才是真正的大賢人呢！我有一計，可讓西伯姬昌的大賢人名聲不攻自破。」

紂王問道：「什麼計策？」

崇侯虎笑道：「古人云：『虎毒不食子。』真正的大賢人是不會吃自己兒子的肉的。」

紂王哈哈大笑，立即下令將伯邑考殺死，並將肉做成肉脯，派人送往羑里，賜給西伯姬昌吃。

西伯姬昌手捧盛放肉脯的食盒，已知是自己兒子的肉，心如刀絞，暗暗思索：此肉是我兒肉，若我不食此肉，肯定死於不仁之君手裡。為避免紂王加害於自己，他假意很高興，一邊吃一邊說：「此肉甚好。」待紂王派來的人走後，西伯姬昌匍匐（音ㄆㄨˊ ㄈㄨˊ）於地，將吃下去的肉脯吐了出來，止不住放聲大哭。

紂王派的人返回朝歌，見紂王說：「西伯姬昌接過此肉，邊笑邊吃，並感謝大王的賞賜。」

紂王聞聽大喜，對群臣說：「人說西伯姬昌是大賢人，如今吃自己兒子的肉卻渾然不知，可見他並不是什麼賢人。」

伯邑考救父不成反被紂王殺害的消息傳到了西伯姬昌的封地——周國，西伯姬昌的另一個兒子姬發和大臣們悲痛萬分，為救西伯姬昌脫離虎口，他們搜尋了大批金玉珠寶和妙齡美女多人，獻給紂王，用來換回西伯姬昌。紂王看見美玉和珍寶，喜不自禁，便下令赦免了西伯姬昌，並賜給弓矢斧鉞，授予他征伐諸侯的權力。

西伯姬昌歷經磨難，終於返回了周國。此後，他廣行德政，招攬天下賢能之士，發展生產，壯大國力，周國迅速發展，國力日漸增強。諸侯紛紛摒棄紂王投奔西伯姬昌，周國勢力迅速擴大起來，為日後周武王推翻商王朝打下了良好的基礎。西伯姬昌，就是廣為後人稱頌的周文王。

非聖賢莫能聽至言

【名言】

至言忤於耳而倒於心，非賢聖莫能聽。

——《難言第三》

【要義】

至言，最懇切有理的言論。忤，違逆、抵觸。倒，逆、不順。

良藥苦口，忠言逆耳。有時最合情合理的話聽起來也是不順心的，除了聖明的君主沒人能聽進去。臣下向君主進言的困難有多種，有言論本身的，有進言對象的，還有進言的背景和時機等等，因此進言時會經常受到各種曲解和誣衊，有時甚至給進言者帶來殺身之禍。因此對於直言敢諫的臣子來說，遇到一位英明的君主就顯得十分幸運了。

【故事】

唐太宗李世民十分重視總結歷史經驗，初登帝位便特別注意汲取隋朝滅亡的教訓，意識到隋朝失去天下的重要原因之一，就在於「煬帝惡諫」。因此，他即位以後，多次下令讓百官各上封事（把奏章封起來，以防洩密），想方設法誘導文武百官批評自己的缺點，提出關於治理國家的意見和建議，鼓勵臣僚們對自己進行諫諍。

在封建時代，皇帝擁有至高無上的權力，批評皇帝叫做「犯龍鱗」。傳說，龍喉下「有逆鱗徑尺，人有攖之，則必殺人。」所以，儘管歷代都設有諫官，但殿廷上卻往往是鴉雀無聲。唐太宗即位之初，上朝時威容嚴峻，咄咄逼人，臣僚們上書奏事時誠惶誠恐，顧慮重重，在這種情況下，儘管唐太宗再三號召臣僚們諫諍，但是群臣心有餘悸，敢於當面批評唐太宗的人寥寥無幾。

唐太宗很快意識到了這個問題，於是他再上朝時，就改變了自己的態度，和顏悅色，虛心地聽取臣下的意見。他誠懇地對大臣們說：「人要照自己的面孔，就需要有明鏡；國君要想知道自己的過錯，就必須有諍臣。如果國君自以為高明而拒絕批評，臣下一個個阿諛奉承，隨聲附和，那麼國家就很容易招致滅亡。國家滅亡後，國君自然沒有好下場，做臣子的又豈能保全？例如虞世基等諂媚隋煬帝以保富貴，結果隋朝滅亡，隋煬帝被殺，虞世基等也喪了命，我們都應該以此為戒。你們若發現我處理事情有不利於國家和百姓的地方，請一定要直接大膽地對我進行批評。」唐太宗還多次向大臣們表示，臣下對他的批評，即使是「直言忤意」，也絕不怪罪。大臣們見唐太宗語言謙恭，態度懇切，慢慢地也就敢於開口了。

唐太宗還用獎賞的辦法鼓勵臣下們直言諫諍（音ㄓㄥˋ）。貞觀三年（六二九年），有一個名叫元律師的人犯了法，被唐太宗判為死罪。司法官員孫伏伽進諫說：「根據法令，元律師不該處死，陛下怎麼可以濫加酷罰呢？」唐太宗聽了，認為孫伏伽說得對，就賜給他蘭陵公主園，價值百萬錢。

有人說，孫伏伽所諫的是一件平常小事，獎賞太厚了。唐太宗卻說：「朕自即位以來，還沒有過這樣的諫諍，所以要特別給以重賞。」這件事對臣僚們的鼓舞很大，從此之後，群臣爭相進諫，而對那些上書勸諫有功的人，唐太宗則總是給予優厚的賞賜。

對於敢犯顏直諫的老臣魏徵，唐太宗曾多次給予優厚的賞賜，並予以極高的評價，把他稱做是自己的一面「可明得失」的「人鏡」。有一次，在九成宮丹霄殿賞月夜宴上，太宗酒酣，爽朗地大笑道：「別人都說魏徵舉動疏慢，我倒覺得特別可愛呢！」還有一次，在東宮舉行祝賀皇孫誕生的宴會上，太宗極其歡樂地說：「貞觀以後，竭盡忠誠幫助我，向我提出寶貴的意見，糾正我的過錯，安國利民，成就了我今日偉業的，只有魏徵。」並解下自己的佩刀，賞賜給魏徵，以表彰其諫諍的功績。

唐太宗鼓勵諫諍，嘉獎批評，不但對魏徵是這樣，而且對所有的大臣也是如此。對於傑出的諫臣，唐太宗不但給予優厚的物質獎賞，還把他們提拔到重要的職位上來，委以重任。魏徵之外，諫議大夫王珪推誠盡節，多所獻納，唐太宗讚嘆說：「愛卿所說的全都切中朕的過失。」於是就把他提拔為黃門侍郎，不久又進拜門下省長官侍郎即宰相之一，掌管政令的善否，並進行議論。又如貞觀後期的褚遂良，任諫議大夫時以直諫著名，唐太宗就把他提拔為黃門侍郎，後又拜為中書令，官居宰輔，成為唐太宗晚年最受信任的重臣之一。

「恐人不言，導之使諫」。由於唐太宗的積極宣導和虛心求諫，諫諍蔚然成風。當時犯顏直諫、面折廷爭的事例屢見不鮮。上自宰相御史，下至縣官小吏，甚至宮廷嬪妃，都有人敢於直言勸諫。這種開明的政治局面，在我國古代歷史上是不多見的。

奸臣蕃息，主道衰亡

【名言】

奸臣蕃息，主道衰亡。

——《愛臣第四》

【要義】

蕃息，滋生眾多。

害蟲多了，必傷莊稼；奸臣多了，必亂國政。奸臣勢力如得擴張，君主權勢就會削弱。作為國君，不能隨意放縱自己的欲望，只有加強集權，才能有效防止奸臣亂政。否則輕慢國政，親小人，遠賢臣，必然導致奸臣滋生。奸臣多了，國家就危險了。

【故事】

周武王伐紂滅商之後，定都鎬京（鎬音ㄏㄠˋ，今陝西西安），歷經十代，至周宣王時，周朝已經由盛而衰，走下坡了。後來，傳位至周幽王。幽王荒淫暴虐，最終身死國破，與他身邊奸臣勢力的滋生不無關係。

周幽王繼位後，整天沉浸在宴席聲色之中，將國家的事丟在了腦後。他不聽忠臣的勸告，只聽三個專會阿諛奉承的臣子虢（虢音ㄍㄨㄛˊ）石父、祭公與尹球的話。

一天，岐（岐音ㄑㄧˊ）山地方官來報：岐山地區發生地震，那裡的涇水、洛水等河流因此乾涸，山崖崩塌，壓壞了許多民房，不少百姓死亡。不想，幽王聽了以後，竟然若無其事地說：「連這種小事都來報告！一些小地方發生地震是極平常的事，有什麼值得大驚小怪的！」說罷，就命令左右的侍從照常出去尋訪美女，選拔到後宮裡供他享樂。

大夫趙叔帶見幽王如此昏庸，就上表進諫道：「岐山是周朝祖先基業的發端之地，那裡發生地震，非同小可！它是上天降下的不祥之兆。我王應該謹慎地治理國家，清明政治，體恤人民，並且任用賢能以消弭天變。……而如今大王不訪賢才訪美女，這怎麼可以呢？」

幽王聽了趙叔帶的奏表，嘴裡只哼了一聲，很不以為然。善於見風使舵的虢石父馬上站出來奏道：「現在我朝早已定都鎬京，這裡才是千秋萬歲的基業！那岐山只是像一隻穿過了的破鞋子一樣，已毫無用處。那裡發生了地震，有什麼關係？趙叔帶危言聳聽，藉機誹謗我王，應該問罪！」

周幽王聽了虢石父的話，心裡舒坦得直點頭：「石父說得在理！」於是馬上下令免去趙叔帶的一切職務，趕出京城，放逐到鄉下去。

這時，大夫褒珦（音ㄒㄧㄤˋ）正好從褒城回到鎬京，聽說趙叔帶的事以後，立刻趕到殿上為他說情：「吾王萬萬不可不顧天變，驅逐賢臣。這樣會使國家危險、社稷不保的啊！」

幽王聽了，勃然大怒，下令武士將褒珦拿下，關到獄中。從此，朝中再也無人敢出來說話了。

褒珦有個兒子叫洪德，因為父親被關了起來，就代替父親到自己的封地褒地去收租。一日，來到鄉下，見一個少女正在井台邊打水。洪德走近一看，不禁被這少女的美貌驚得目瞪口呆——只見她眉清目秀，唇紅齒白，髮如烏雲，指似削玉，如花似玉，傾國傾城……洪德想，這麼漂亮的女子如果獻給好色的幽王，一定可以將父親從獄中解救出來。主意一定，洪德就跟著這女子到了她家裡，一問，知道這女子叫褒姒（音ㄙˋ）。她的父親向洪德要了三百匹布帛，便同意將女兒賣了。於是，洪德便將褒姒帶至鎬京，獻給周幽王。

幽王一聽有美人進獻，來了精神，命令立即宣上殿來。待褒姒上殿，幽王一下子看傻了眼：只見褒姒眉目流盼，儀態萬方，光豔照人。於是龍顏大喜，即刻下令放了褒珦，將褒姒

留在宮中。

自從褒姒進宮，幽王從此一連十日不上朝，整天迷戀於她，並找藉口將原來的皇后打入冷宮，立褒姒為王后。兩人不分白天黑夜，在宮中作樂。但是褒姒有個毛病——就是她再怎麼得意開心，臉上也沒有一絲笑容。這件事可難壞了幽王，他為了博取褒姒一笑，想盡了一切辦法：請人敲鐘擊鼓，或彈絲竹，或演歌舞，或講笑話，但褒姒全無喜色。幽王聽說褒姒喜歡聽撕扯綢緞的聲音，就命令管倉庫的官員拿來彩絹百匹，讓力氣大的宮女一起撕給她聽，可是褒姒依然不見笑臉。幽王無計可施，便下令：「不論王宮內外，有人能使王后一笑者，賞賜千金！」

馬屁精虢石父見機會又來了，就對幽王獻計道：「過去幾代先王為了抵禦西戎入侵，在驪山下築了許多烽火台；大王如果命人在台上放起煙火，各路諸侯以為有敵情，必然發兵來救。到時大王與王后在驪山上觀看，王后見到各路諸侯上當受騙的樣子，必然會笑。」

大臣鄭伯友聽了，趕緊阻止：「無故舉烽火，是戲弄諸侯，以後有事，諸侯就不會相信來救了。到那時，我們用什麼去抵禦敵人啊！」

周幽王不耐煩地說：「現在太平無事，哪來的敵人？以後就是有事，也與你無干！我看石父的建議很好！」於是他立即傳令當晚就在驪山腳下的二十個烽火台上同時燃放煙火。結果，一時間狼煙四起，火光沖天，呼救的鼓聲震天動地。各路諸侯見狀果然紛紛率兵前來救援，待他們到驪山下一看，只見幽王正在山上與褒姒飲酒作樂，但聞絲竹管弦之聲，哪有敵情？這時幽王也派宮中的侍衛下去宣佈：「沒有敵人進攻，請大家回去吧。」

各路諸侯見狀，都面面相覷，不知如何是好。大家愣了一會兒，才垂頭喪氣地偃旗息鼓而去。褒姒此時立在驪山城樓上，見眾諸侯被捉弄成這樣，終於忍不住抿嘴一笑。

周幽王龍顏大悅，說：「愛卿一笑百媚生。這是虢石父的功勞。趕快賞他一千兩金子！」

幽王聽信奸臣之計，無故放烽火戲弄了各路諸侯，弄得滿朝文官武將，除了虢石父等幾個奸臣外，心中都忿忿不平。幽王怕他們上殿勸諫，乾脆下了一道命令：「敢進諫者，格殺勿論。」這樣一來，許多正直的大臣失望已極，紛紛告老還鄉，離開朝廷，沒有人再敢上表勸諫了。

不久，申侯聯合西戎主率軍討伐周幽王，鎬京被圍。周幽王大驚失色。虢石父又獻計說：「吾王趕快下令驪山腳下的烽火台燃起烽煙，召集各路諸侯帶兵前來救援。」

幽王便馬上派人去點燃煙火。頃刻之間，驪山下二十多個烽火台上便鼓聲陣陣，狼煙沖天。然而，等了好幾天，周幽王卻沒有等到諸侯一卒一騎的救兵。原因當然很簡單，這是因為諸侯們剛剛被戲弄過，現在看到煙火從烽火台上升起，以為又是幽王在戲弄他們以博褒姒一笑。而此時，城外的圍城軍隊卻攻得愈來愈激烈了。幽王見這樣守下去十分被動危險，便命令虢石父率兵殺出城去，向諸侯討救兵。虢石父雖自知不是戰將，但又不敢違命，只得帶

領兩百乘兵車殺出城來，正遇戎兵右先鋒孛丁。兩人戰不到十個回合，虢石父便被孛丁一刀斬於馬下。西戎主趁勢帶兵殺進城去。一時間，喊殺聲震天動地，戎兵衝進城去，周兵紛紛敗逃。

周幽王見城內大亂，已無法抵抗，只得匆匆忙忙帶褒姒和寵臣伯服從北門逃走。這時，司徒鄭伯友從後面趕上來保駕，一同向驪山逃去。半途中，奸臣尹球也跟了上來，向幽王報告說：「西戎兵在城內到處放火，見人就殺，見東西就搶。王宮已被焚燒成焦土，府庫已被搶掠一空……」

幽王聽後，嚇得心膽欲裂，忙要鄭伯友在驪山再燃烽火求救。然而，儘管烽火直沖雲霄，救兵卻仍未到。而不久，追兵倒已將逃到驪宮的周幽王一夥團團圍住了。

周幽王見狀，嚇得與褒姒相對而泣，縮成一堆。鄭伯友只得叫尹球保駕先行，逃出驪宮，自己斷後，迎戰追來的戎兵。然而鄭伯友雖十分驍勇，怎敵得四面八方圍攏來的戎兵鐵騎。戎主命令兵士四面放箭，可憐鄭伯友死於萬箭之下。而幽王一行不久便被戎兵追上，幽王被戎主一刀砍死，伯服也被殺死。只有褒姒，因戎主見她美貌，便被他帶回去據為己有。尹球躲到了車底下，最後也被戎兵發現，拖出來殺了。

一個朝代就這樣滅亡了。

末大必折，尾大不掉

【名言】

諸侯之博大，天子之害也；群臣之太富，君主之敗也。

——《愛臣第四》

【要義】

末大必折，尾大不掉。諸侯強大是天子的禍害，群臣太富意味著君主的衰敗。

韓非子認為，天子之「勢」是十分重要的，必須注重加強權勢，充分利用自己所擁有的權位，統馭臣下，而不能讓臣下掌握太多不該他們掌握的東西，否則，臣強君弱，國家就會衰亡。就像一棵樹，主幹柔弱而側枝十分茂盛，那麼樹的傾覆只是早晚的事了。

臣子在君臣位置顛倒的過程之中，其實都是不知不覺中形成了「勢」，對君主的危害也

因此顯露了出來。

【故事】

西周末年的時候，鄭國的鄭桓公、鄭武公和鄭莊公祖孫三代都為周王室立過大功，是周朝的卿士，在朝廷執掌大權。當鄭莊公寤生擔任卿士的時候，由於鄭國勢力一步步強大起來，很長時間沒去朝廷上任，於是周王室便對鄭國有了看法。

一天，虢公忌父來洛陽朝見，與周平王談得很是投機。

周平王說道：「鄭伯好長時間不來上任了，我想讓你接替他管理朝政，望勿推辭！」

「不，這可不行啊！」虢公深知鄭伯的厲害，哪裡敢答應，「我接替鄭伯做了卿士，他要恨我不說，還要怨恨您。這事恕我不能遵命。」

鄭莊公人雖不在洛陽，但在京城有不少耳目，對朝廷的一舉一動都瞭若指掌。他聽說平王要免他的職，便馬上趕到京城。鄭莊公來到朝廷見了周平王，來了個先發制人：「天王，只因自感能力淺薄，臣下今天特意前來辭職！」

儘管周平王心裡對鄭莊公不滿，卻又不敢當面說。此刻聽鄭莊公要辭職，他倒反而著了慌，說道：「看你說到哪裡去了！你好久不來朝廷，我真想念你啊！今天見了你，真是高興得不得了！」

鄭莊公盯著周平王，冷冷地說道：「與虢公相比，臣差之甚遠啊，這卿士是該他來接替！」

聽鄭莊公提及虢公忌父，周平王驚惶失措，急忙辯解道：「我知道你國中事忙，只是想讓虢公代你幾天，等你來了再還給你。虢公不肯答應。我已讓他回國了，你千萬不要多心啊！」

周平王愈是解釋，鄭莊公愈是不饒：「既然天王已有了安排，還是准許臣辭職為好。」

周平王急得無法可想，最後只好說道：「你這樣信不過我，我讓太子到鄭國去做人質，你總可以放心了吧？」

可是，鄭莊公還是不依，步步緊逼，說道：「用誰不用誰，是天王您的權力，何必拿太子做人質呢？否則，天下人都要罵臣脅迫天王，這罪名臣可擔當不起呀！」

周平王忙說：「不，你治國有方，我讓太子到你那裡學習，這樣總可以吧？」

滿朝的大臣，既要顧全天王的面子，又不能得罪鄭莊公，正不知如何是好。這時聽天王說要送太子去做人質，於是說道：「依臣之見，天王不派太子去鄭國，不能消除鄭伯的懷疑；要是只讓太子去做人質，天下沒有這個道理，不如君臣交換人質，一方派太子去鄭國學習，一方把鄭公子送到朝廷做抵押，這樣豈不兩全其美？」

周平王連聲說好，鄭莊公臉上也露出了笑容。從此，周平王的太子狐住在鄭國，鄭公子忽住在洛陽。

不久，周平王死，由鄭莊公和周公黑肩共同管理朝政。他們讓鄭公子忽回到鄭國，太子狐回到洛陽即位。然而，狐驚恐交集，悲傷過度，不久便病死了。鄭莊公和周朝的其他大臣商議，又立狐的兒子為天王，這就是周桓王。

周桓王知道父親的死和鄭莊公有關係，恨透了鄭莊公，便多次與周公黑肩商量：「虢公辦事認真，待人懂禮，讓他替代鄭莊公，你意如何？」

周公黑肩不同意，說：「鄭莊公很厲害，這事一定得三思而行，不可草率從事，否則後患無窮。」

周桓王年輕氣盛態度堅決地說：「我絕不能受他的控制，我的主意已定，就這麼辦吧！」

第二天早朝，周桓王對殿上的大臣宣佈了自己的決定，並對鄭莊公說：「你是老天王的大臣，我用不了你，請自便吧！」

鄭莊公聽罷頓時怒火中燒，說道：「臣早就該走了，謝謝您的恩典！」說完，憤然離去。鄭莊公駕車回國，公子忽率領文武百官出城迎接。鄭莊公說：「桓王忘恩負義！我把他扶上了王位，他卻恩將仇報，把我免了職！怎麼辦？大家拿個主意。」文武百官聽了個個義憤填膺，有的馬上要求出兵，廢黜（黜音ㄔㄨˋ）桓王；有的主張馬上草擬文書昭示天下，斥責桓王無義。這時，大夫祭仲說：「我有個主意，我率一支軍隊到周朝邊境上去割麥子，就說我們鬧了災荒，借點糧食。天王要是派人責問，我們就有話說了。如果天王不說什麼，主公再去朝見他不晚。」鄭莊公沉思片刻，同意了。

第二天一早，祭仲率兵來到了溫邑（今河南溫縣西南），向溫大夫商借糧食。沒有天王的命令，溫大夫哪裡敢借。於是，祭仲命令士兵自己動手割麥子，不一會兒，一大片麥子便割得一乾二淨。溫大夫自知鄭國強大，眼巴巴地望著鄭兵滿載而歸。

秋天，祭仲又率兵來到成周（今河南洛陽東北）「借」糧，將成周郊外的穀田割得精光。

溫邑大夫和成周守將把情況奏知周桓王，桓王聽後，勃然大怒，馬上就要興兵問罪。周公黑肩急忙勸阻說：「我們現在徒有虛名，沒有實力，千萬不能因小失大，給鄭國留下出兵的藉口，自取滅亡。」周桓王忿恨良久，這才按兵未動。

鄭莊公見周桓王沒有動靜，反倒覺得不安起來，和臣下們商議要入朝去見桓王。

就在這時傳來消息，宋殤公欲出兵攻打鄭國。鄭莊公知道，宋殤公之所以攻打鄭國，是因為鄭國收留了宋穆公的兒子公子馮，而宋殤公只是宋穆公的姪子，他擔心有朝一日，鄭國將公子馮送回來搶奪他的君位。鄭莊公早就想發兵討伐宋國，並將公子馮送回宋國，只是師出無名，這次聞訊便欲先發制人。

祭仲於是對鄭莊公說道：「宋國是公爵，天王對殤公也很尊重。依我之見，您先去朝見天王，然後打著天王的旗號，去討伐宋國。到時候師出有名，諸侯誰敢不聽您的？」

鄭莊公覺得祭仲說得在理，便與他即日動身去朝見周天王。

周桓王見到鄭莊公，劈頭就問：「你們鄭國今年收成怎麼樣？」

鄭莊公恭恭敬敬地回答：「託天王的洪福，收成很好。」

周桓王按捺不住內心的氣憤，挖苦道：「噢，溫邑的麥子和成周的穀子，今年我可以留著自己吃了！」鄭莊公聽著，一聲沒吭，當下告辭。周桓王既不設宴歡送，也不贈送禮品，只派人送去十車穀子，說是留給鄭莊公鬧災荒的時候吃。

鄭莊公氣壞了，後悔自己不該來，十車穀子說什麼也不肯收下。

祭仲一旁勸說道：「這穀子應該收下，否則讓諸侯們知道我們與天王不和，他們就要輕視我們了。」

正在這時，周公黑肩怕周桓王與鄭莊公的關係搞僵，就差人補送了兩車綢緞給鄭莊公。

祭仲見了綢緞，頓時眉飛色舞，他立即吩咐把綢緞蓋在十車穀子上。

鄭莊公不解地問道：「你為什麼這樣做呢？」

祭仲解釋道：「綢緞蓋在穀子上，別人見了，誤以為天王賞給鄭國這麼多綢緞，對鄭國真好啊。然後我們製造輿論，說宋公一直不朝見天王，天王命令鄭伯討伐他。這樣一來，誰還能不信？」鄭莊公一聽，高興得連連說「好」。

於是，鄭莊公一回國，就打起了「奉天討罪」的大旗，約會了齊國、魯國，三路大軍浩浩蕩蕩殺向宋國，把宋軍打得大敗。宋國太宰華督趁機殺了宋殤公。鄭莊公立即將公子馮送回國即位，這就是宋莊公。

周桓王聽說鄭莊公打著他的旗號討伐宋國，忍無可忍，親率大軍，找他問罪。

鄭莊公聽到消息，十分氣憤——周王奪了他的大權不說，還派兵來討伐，再不給他點顏色看看，恐怕連國家都保不住了。他決心與天王決一死戰，於是馬上派兵迎戰。

周桓王見鄭莊公真敢和他對抗，氣壞了，一定要親自出戰。他連著派人到陣前叫罵挑戰，但鄭莊公就是不理。待到午後，鄭莊公見周王士兵已有倦意，便揮動大旗，擊鼓衝鋒。周軍將士本不想打仗，見鄭兵這樣兇猛，掉頭便跑。於是鄭兵奮勇追擊，直殺得天王軍隊人仰馬翻。

鄭國將軍祝聃（聃音ㄉㄢ）遠遠望見桓王，就抄起強弓，奮力一箭，正好射中桓王左肩。幸虧桓王鎧甲堅厚，傷得不太重。但是「射王中肩」的事卻很快傳開了。

天子本是「天下宗主」，神聖不可侵犯，這一箭卻無情地揭露了東周時期周室衰弱、諸侯強大這一事實。從此，周王室的權威一落千丈，再也沒人拿它當一回事了。

虛靜無事，以暗見疵

【名言】

道在不可見，用在不可知；虛靜無事，以暗見疵。

——《主道第五》

【要義】

疵，缺點、毛病。

韓非把道家虛靜無為的哲學思想運用到政治生活中，作為君主治國、用人的原則。他主張君主虛靜無為，遇事不表露自己的欲望和成見，在暗中觀察臣下的過失，綿裡藏針，以陰勝陽。君主處事原則不能被臣下看透，使臣下無法窺測君主的心意，從而杜絕他們竊取君權的念頭。

【故事】

過去有個楚莊王，繼位已經三年了，卻任何號令都不發。他常常出宮，前呼後擁去打獵。在宮中的時候，也只日日夜夜與美女飲酒作樂。有幾個老臣看不慣，紛紛進宮勸諫。初時楚莊王還能聽，卻裝聾作啞，聽了照舊不改。後來聽煩了，楚莊王把進諫的老臣都給轟了出去，並在宮門懸了一道令：「有敢諫者，殺無赦！」

右司馬伍舉聽說後，就進宮求見。楚莊王正左手抱鄭姬，右手抱蔡女，坐在鐘鼓之間。見了伍舉，醉眼惺忪地問：「老司馬要來見我，是要來飲酒、聽音樂，還是有什麼話要說呢？」

伍舉說：「老臣不是為飲酒、聽音樂而來的。老臣今早在郊外散步，碰到一個人，他給老臣出了一個謎語。老臣猜不出來，聽說大王您善猜，特來請教。」

楚莊王非常喜歡猜謎，並以此為能事，連忙歡喜地問：「是何謎語，竟連老大夫都不能猜出？快說與寡人聽聽。」

伍舉乃道：「有一隻五色斑斕的大鳥，停在南方的一座高崗上，三年之內，竟連翅膀都不拍動一下，也不飛，也不叫，默默無聲，請問這是怎麼回事呢？」

楚莊王聽了，已知伍舉心意，他微微一笑說：「三年之內，連翅膀都不拍一下，那是在

等待羽翼豐滿；不飛，也不叫，那是在細心觀察周圍的環境。雖然這隻鳥沒有飛過，但一飛起來，就必然沖天而起，直上九霄；雖然沒有叫過，但一叫就必然驚人。老大夫放心吧，我已經知道了。」伍舉聽罷，躬身退下。此後，莊王淫樂如故。楚國大臣都搖頭嘆息，恐怕楚國從此要滅亡了。

但是，半年之後，莊王突然罷了歌舞，開始臨朝聽政。上朝第一天，眾臣都憂喜參半，議論紛紛，不知這位楚王怎麼突然之間回心轉意了。

楚王威嚴地坐在朝堂上，已經全然沒有了嬉笑淫樂的樣子。他當場公佈百官功過，罷免了十餘位不稱職的官員，其中包括原來的宰相，還一連殺了五個奸佞妄言、為非作歹的大臣。接著楚莊王當堂派使，去召他暗訪所得的六位處士入朝做官。這樣一來，楚國一掃三年內群龍無首、混亂無序的局面，馬上變得政治清明，人民安泰，國富兵強。不久，楚王派兵攻齊，大敗齊軍；又在河上和衡雍兩敗晉軍，俘獲晉軍大將解揚；在宋國大會上聯盟各諸侯。從此，楚莊王成了春秋五霸之一。

功雖疏必賞，過雖近必誅

【名言】

誠有功則雖疏賤必賞，誠有過則雖近愛必誅，則疏賤者不怠，而近愛者不驕。

——《主道第五》

【要義】

誠，確實。誅，懲罰。確實有功，即使疏遠卑賤的人也一定賞賜；確實有罪，即使親近喜愛的人也一定懲罰。這樣，那些疏遠的人也不敢懈怠偷懶，親近的人也不敢驕橫枉法。

信賞必罰，是貫徹法治原則的重要手段。

韓非子認為，作為一國之君，不要過度干涉臣下之事。統治之術應以平靜無為駕馭臣子，讓大臣陳述主張，然後安排他們的任務，鼓勵他們建功立業。如果言行一致，立了功勳就賞；如果名不副實，就予以處罰，不論與自己的關係親疏。不隨便拿賞罰作禮物人情，如果隨意賞賜，功臣就會對事業懈怠，而隨意赦免懲罰，奸臣就會有僥倖之心，胡作非為。這樣才是統治之道。

【故事】

唐太宗李世民一共當了二十三年皇帝，在許多方面取得了成功。唐朝社會安定，經濟、文化都有很大發展，成了當時世界上最強盛的國家。許多外國人都來到唐朝，學習唐朝先進的文化。唐太宗的年號叫貞觀，後人就把唐太宗時期繁榮昌盛的局面稱為「貞觀之治」。

有一次，唐太宗問幾個大臣：「我的才能比不上古之聖賢，但比古人成績大。你們說，這是怎麼回事？請你們大膽地說，說錯了也不要緊。」

於是，大臣們就說開了。有的說是唐太宗威望高，有的說是唐太宗本事大，說了半天，都是說唐太宗的好話。唐太宗聽了，很不以為然，說：「你們說得不對。我不像有的皇帝那樣，對有功的人就喜歡得抱在懷裡，對犯了錯的人就討厭得要推到溝裡。我是尊重有功的人，也原諒犯錯的人。」

秦始皇三十三年（前214年），秦始皇派大將蒙恬率領三十萬人北逐匈奴，佔據河套，並修築長城。「秦已並天下，乃使蒙恬將三十萬眾北逐戎狄，收河南。築長城，因地形，用制險塞，起臨洮，至遼東，延袤萬餘里，於是渡河，據陽山，逶蛇而北。暴師於外十餘年。」（《史記·蒙恬列傳》）秦長城把過去秦、趙、魏、燕長城連接起來，從臨洮到遼東的綿延萬里，從此始有「萬里長城」之稱。

有一次，唐太宗要給功臣們封官賜爵。他讓人宣讀事先寫好的名單，並且說：「有不合適的，請提出來吧。」

唐太宗的叔父李神通打了許多硬仗，他一直認為自己的功勞最大，但一聽名單上把自己排在後面，就不服氣地大聲說：「當初，我首先起兵回應您，東征西殺。但您怎麼把我排在房玄齡、杜如晦這些人後面了？他們有什麼功勞？不過就是舞文弄墨、寫寫畫畫嘛！」

唐太宗笑了，說：「叔父雖然首先舉兵起義，可是您忘了，您後來還打了兩次大敗仗呢！房

玄齡、杜如晦他們出主意，定計策，幫我取得天下，論功勞，應當排在您的前面。您雖然是我的至親，我可不能以私情加重對您的封賞啊！」

大臣房玄齡說：「秦王府裡的舊人，都是皇上的老部下了，那些沒升官的，不免有些怨言。」

唐太宗說：「設立官職，為的是選拔有才能的人，替百姓辦事，不能以新舊分先後。新人有才幹的，即使與我沒有什麼親戚關係，只要立了功勞，就可升官；一些老人雖然跟了我許多年，彼此很有感情，但沒有才幹，躺在過去的功勞簿上不思進取，當然不能提拔升遷。要不然，國家的事情怎麼能辦得好呢？」

長孫無忌是唐太宗年輕時候的好朋友，又是他的大舅子（皇后長孫氏的哥哥），有才幹又有大功，唐太宗就任命他做了宰相。長孫皇后知道了，怕別人說閒話，對唐太宗說：「我做了皇后，已經夠出風頭的了，你就別讓我哥哥當那麼大的官，免得……」

「不，我任用妳哥哥，是因為他有宰相的才幹，不是因為他是我的親戚。」唐太宗堅持讓長孫無忌當了宰相。

唐太宗用人，就用有才幹、品德好的，不管那人跟自己個人的關係如何。

國之強弱在奉法

【名言】

國無常強，無常弱，奉法者強則國強，奉法者弱則國弱。

——《有度第六》

【要義】

國家沒有永久的強，也沒有永久的弱。執法者強，國家就強；執法者弱，國家就弱。韓非強調法度是治國的根本，國家的強弱與奉法的嚴寬成正比。一個國家的興亡在於國君，在於國君對國家秩序的態度。寬嚴的結局是不同的，這不僅僅是執法者個人的問題，也將影響一個國家的前途。

【故事】

魏文侯死後不久，他的兒子魏武侯即位。魏武侯是個胸無大志、滿足現狀的平庸君主。他聽信讒言，不再信任曾為國家做出貢獻的吳起，免去了他西河守將的職務。吳起無奈，便到了楚國。

戰國初期的楚國，雖說地廣人稀，物產豐富，但由於大權掌握在奴隸主貴族手裡，所以政治腐敗，經濟落後，國家一天天衰弱下去。中原各國都瞧不起楚國，稱之為「荊蠻之地」。

楚悼（悼音ㄉㄠˋ）王即位前後，楚國先後兩次受韓、趙、魏的進攻，都吃了敗仗，喪失了很多土地，最後不得不用重禮請出秦王，請他出面調停。在內外交困的情況下，楚悼王很想變法圖新，吳起這時前來投靠，楚悼王高興萬分，他親自率領滿朝文武百官，恭恭敬敬地出城迎接吳起。

楚悼王在宮中大擺宴席替吳起洗塵，酒席間，楚悼王迫不及待地問吳起：「我們楚國建國已有三、四百年的歷史了。論土地，有肥沃的江漢平原；論人口，有數百萬之多。但為什麼一直國貧兵弱呢？」

吳起沉吟了一下，一針見血地指出：「分封太多，王公貴族的勢力太大。他們為了自己的利益，上逼大王，下虐平民，削弱了中央集權，壓制了平民的生產積極性。軍事上賞罰不明，選將不擇能而用，這就是國不富民不強的主要原因。」

聽了吳起中肯的分析，楚悼王沉默不語，感觸頗深，他想起一百六十多年前的楚國。當時楚康王曾實行新政，加強法制建設，以軍功立國，楚國貧窮落後的面貌頓時有了改善，但因為王公貴族的拚命反對和破壞，使「量田種植，減輕賦稅」等改革措施沒能實行多久。想到這裡，楚悼王著急地說：「寡人想使楚國盡快富強起來，請你告訴我該怎麼做？」

「推行新法，走改革的路子！」吳起堅定地回答。

「現在楚國荒閒的土地很多，坐享其成、不勞而獲的人太多，要解決楚國的弊病，最要緊的是明申法令，賞罰分明，獎勵耕戰。」吳起繼續說著。

楚悼王聽了連聲說好，於是任命吳起為楚國的令尹，主持變法。

在楚悼王的全力支持下，吳起制定了新法，通告貼遍了楚國城鄉的大小街頭。主要內容有：免除貴族三代以上無功人員的官職，收回封地，取消俸祿，把住在國都周圍的貴族遷到地廣人稀的地區；嚴明法令，裁減無能無用的官員，廢除不急需的官職；整理財政，節省費用，獎勵耕戰，加強國防，用裁減下來的爵祿建立一支強大的軍隊；建設國都，加高城牆，增強首都的防衛能力等等。

這些措施，一方面減輕了人民的負擔，發展了生產；另一方面打擊了舊貴族的勢力，加

強了國家統治的力量。

吳起在變法中身體力行，親自負責軍隊的訓練和整頓，很快將軍隊訓練成為一支能征善戰的勁旅。

楚國變法後，擴大了耕地面積，生產發展了，國家強盛起來了。吳起的軍事才能這時又充分地展現出來，他率兵在一年多的時間裡南收百越，北併陳蔡，反擊了魏、趙、韓的進攻，一直打到了黃河岸邊，使楚國在軍事上成為僅次於魏、秦的強國。

魏國在與楚國的交戰中，吃了不少虧，魏武侯這時才明白，自己沒有重用吳起，等於太阿倒持，把手中的劍柄送給敵人。他後悔極了，但為時已晚。

吳起的變法損害了貴族的利益，引起了楚國舊貴族的極大恐慌和仇恨。楚國有個叫屈宜臼的貴族曾當面辱罵吳起是「禍人」，他說：「我聽說過這樣的話，善於治理國家的人，總是依照祖宗傳下來的老規矩辦事。如今你違背祖宗成法，廢除世襲制度，取消親貴們的各種特權，這是大逆不道的。如不趕快改弦更張，禍到臨頭，將悔之晚矣。」

吳起毫不客氣地反駁道：「真是一派胡言！日月運行，朝代更替，任何事物都在不斷變化。仍用古代的陳規陋習貽誤國家，這才是大逆不道。我奉大王之命，變法改革，為的是富國強兵，上合天意，下得民心。你想停止變法，那是癡心妄想！不信，你就站出來試一試。還是考慮一下自己的下場吧。」

吳起義正詞嚴的一番話，駁斥得屈宜臼狼狽不堪，只好灰溜溜地走了。

舊貴族們不甘心他們的失敗，就在暗中造謠破壞。吳起把這些情況報告了楚悼王。楚悼王十分惱怒，指令吳起在新法中加上一條：不許對新法妄加評論，凡妖言惑眾反對變法者，一律從嚴處治。

在楚悼王的支持下，吳起對變法內容又進行了充實，使之更加完善。同時，那些反對新法的舊貴族們，再也不敢公開出來進行對抗了。

周安王二十一年（前三八一年），正當吳起大力推行新法，楚國逐步走向強盛的時候，全力支持變法的楚悼王突然去世了。

一連幾天，天陰沉沉的，砭骨的秋風捲掃著宮廷內院滿地的落葉，淅淅瀝瀝的細雨無休無止，下得人心煩意亂。對楚悼王突然去世毫無心理準備的吳起手足無措，但他不忘令尹的職責，強忍悲痛，料理國喪。

舊貴族們趁此機會死灰復燃。他們秘密串聯、謀劃，迅速組織起一支叛軍包圍了王宮。氣焰洶洶的叛軍在宮門外大喊大嚷：「吳起，你的末日到了。」

冷箭「嗖」「嗖」地飛來飛去，撞擊宮門的「砰」「砰」聲一聲緊似一聲。守護王宮的衛隊人很少，很快就頂不住了。不一會兒，大門撞破了，舊貴族們一擁而進，朝著吳起亂箭齊射。身中數箭的吳起眼看就不行了，他不甘心自己這樣無代價地死去，便踉踉蹌蹌地跑到停

放著楚悼王屍體的大殿中，猛然伏在楚悼王的屍體上。按照楚國法律規定：有誰傷了王屍，要滅殺三族。但喪心病狂的舊貴族們全然不顧了，他們嚎叫著，朝著吳起就一陣箭雨地射過去。可惜一代英才、戰國時期著名的政治家和軍事家吳起就這樣被活活射死在楚悼王的屍體上。

太子楚肅王即位後，命令誅殺所有射殺吳起並射中悼王屍體的舊貴族，總共七十餘家。但吳起的新政也廢除了，舊勢力重新抬頭，楚國從此一蹶不振，每況愈下。

言視皆不能以私

【名言】

有口不以私言，有目不以私視。

——《有度第六》

【要義】

有嘴不因私事而說，有眼不因私事而看。私利與公益不同，家事與國法有別。韓非子主張大公無私，先國後家，人們一言一行、一舉一動都該如此。

【故事】

春秋時期，齊國管仲與鮑叔牙相知最深，成語「管鮑之交」就出自他們兩人的故事。

起初，管仲和鮑叔牙合夥做買賣。管仲家裡窮，出的本錢沒有鮑叔牙多，可是到分紅利的時候，他卻要多拿一些。鮑叔牙手下的人都很不高興，罵管仲貪婪。鮑叔牙卻解釋說：「他哪裡是貪這幾個錢呢？他家生活困難，是我自願讓給他的。」管仲曾經帶兵打仗，進攻的時候他躲在後面，退卻的時候他卻跑在最前面。手下的士兵全都瞧不起他，不願再跟他去打仗。鮑叔牙卻說：「管仲家裡有老母親，他保護自己是為了侍奉母親，並不是真的怕死。」鮑叔牙替管仲辯護，極力掩蓋管仲的缺點，完全是為了愛惜管仲這個人才。

管仲聽到這些話，非常感動，嘆口氣說：「生我的是父母，瞭解我的是鮑叔牙啊！」管仲和鮑叔牙就這樣成了生死之交。

當時，齊國的國君沒有兒子，只有兩個異母兄弟。一個是公子糾，一個是公子小白。有一天，管仲對鮑叔牙說：「國君昏庸，必然會喪失政權。將來繼位當國君的，不是公子糾就是公子小白，我和你每人輔佐一個吧。」鮑叔牙同意管仲的主意。從此，管仲當了公子糾的老師，鮑叔牙做了公子小白的老師。

齊襄公十分殘暴昏庸，常常找碴責罵大臣。管仲、鮑叔牙知道他不會有好結果，就找了個機會，一個帶著公子糾躲到魯國去了，一個帶著公子小白躲到莒國去了。

齊襄公的殘暴終於引起了群臣的憤怒，將軍連稱等發動兵變，殺了齊襄公，立公孫無知為國君。隨後，公孫無知又被刺殺。眾大臣派人去魯國迎公子糾為君，公子糾就帶著管仲，在魯軍的護送下向齊國進發。

卻說公子小白在莒國聽說齊國國亂無君，就與鮑叔牙計議，向莒國借得兵車百乘，也回齊國爭做國君。

這樣，兄弟二人之間發生了一場爭奪戰。戰鬥中，管仲親手射了公子小白一箭，使他受了傷。但最終公子小白殺死了公子糾，做了齊國國君，這就是齊桓公。

鮑叔牙是齊桓公的功臣，很受桓公信任，做了統兵元帥。但他沒有忘記管仲，總是尋找機會向桓公推薦管仲。起初，桓公不肯任用管仲，因為他差點兒要了自己的命。鮑叔牙向他解釋：管仲這麼做也是各為其主，並沒有錯。要想做大事，就必須心胸開闊，絕不可以輕易放棄管仲這樣的人才。於是，桓公不計前仇，任命管仲為宰相，最終成就了一代霸業。

管仲病逝前，齊桓公前去看望他，見管仲骨瘦如柴，病情嚴重，十分難過，就握著他的手說：「你的病愈來愈重了，萬一你一病不起，誰能夠替我管理國家呢？」

當時齊國有名的大臣寧戚、賓須無已經先後去世。管仲嘆了口氣說：「唉！可惜寧戚早死了。」

齊桓公問：「除了寧戚之外，就沒有別人了嗎？我想任用鮑叔牙，你看怎麼樣？」

齊桓公心想，鮑叔牙是元老重臣，對國家有很大功勞，而且又是管仲的朋友、大恩人，他肯定會同意。不料管仲卻說：「鮑叔牙雖說是個道德高尚的人，但是您不能讓他做相，管理國政。因為他對別人的過錯老是記在心裡。這誰受得了？做相的人，度量不大一些怎麼行呢？」

齊桓公想了想，覺得很有道理，便問：「隰（音ㄒㄧˊ）朋怎麼樣？」

管仲說：「隰朋為人很謙虛，遇事不恥下問，又能公而忘私，做相是可以的。」說完，長長地嘆了口氣，自言自語地說：「只怕隰朋年紀太大，活不了多久了。」

齊桓公又問：「那麼易牙怎麼樣？」

管仲十分嚴肅地回答：「您就是不問，我也要講的。易牙、豎刁、開方這三個人，您千萬不要親近他們。」

齊桓公問：「易牙為了讓我嘗嘗人肉的滋味，把自己的兒子都殺了，這說明他尊敬我超過了愛他的兒子，這樣的人，還有什麼可懷疑的？」

管仲回答說：「人們最疼愛的莫過於自己的兒女，易牙能把自己最心愛的小兒子殺了，對您又會怎麼樣呢？豎刁也是一樣，他為了獲得您的寵愛，不惜自宮來侍奉您。他連自己的身體都不愛惜，還能對您盡忠嗎？還有開方，他是衛國的太子，他的母親死了，他都不去奔喪，他寧願放棄了太子的地位來侍候您，可見他的野心比當太子還要大。這三個人，您千萬不可重用，否則，會給國家帶來禍亂。」

不久，管仲的話傳到易牙的耳朵裡。易牙氣壞了，馬上跑去找鮑叔牙，對他說：「老將軍，誰不知道管仲做相是您推薦的啊！可是管仲這個人卻忘恩負義，國君讓您做相，他卻說了您一大堆壞話，推薦了隰朋。我真替您抱不平！」

易牙滿以為鮑叔牙聽了這番話，會恨管仲，誰知道鮑叔牙反倒哈哈大笑，豎起大拇指說：「管仲忠於國家，不講私人交情，這正是我推薦管仲的緣故啊！隰朋確實比我強多了。」

法不阿貴

【名言】

法不阿貴，繩不撓曲。

——《有度第六》

【要義】

阿，偏袒，庇護。撓，屈。法令不偏袒權貴，墨繩不遷就彎曲。

韓非認為，與工匠以墨線為標準的道理一樣，治理國家應當以法度為準繩，執法者不阿護權貴，按照既定法規嚴格執法，做到法律面前人人平等。

【故事】

董宣在北海地方做官的時候，當地發生了一件豪強地主隨便殺人的案子。

有個叫公孫丹的人，在北海新建了一所富麗堂皇的住宅。房子完工以後，占卜的人說房子蓋得雖然好，可是觸犯了凶神，住進去一定會死人。公孫丹聽了很害怕，他決定犧牲別人的生命來免除自己的災難。他叫兒子站在門口等著，看到門口過路的人，隨便抓幾個來殺了，埋在住宅裡，用這個辦法來祭祀凶神，避免住進去以後死人的災難降到自己的頭上。

公孫丹父子隨便殺人，當然是犯法的，依法當斬。可是公孫丹是地方上有名的豪強地主，平日誰都不敢管他。

董宣卻不怕這些，他認為自己既然是這裡的地方官，就應當秉公辦事，依法治理。他把情況瞭解清楚以後，立即派人把公孫丹父子抓來，判處死刑，並且立即就地執行。這樣一來，北海一帶的那些豪強地主大為震驚，從此都不敢再為非作惡，隨便殺人了。

董宣辦理得最出色、因而使他獲得「強項令」稱譽的，是懲辦湖陽公主管家的案件。

湖陽公主是光武帝劉秀的姐姐。有一次，湖陽公主家裡的管家殺了人，觸犯了刑律。當時正是董宣在洛陽擔任縣令，殺人犯害怕董宣治他的罪，就躲在湖陽公主家裡不露面，靠著公主的庇護，逍遙法外。

董宣知道了這件事，很是氣憤，決心要把殺人犯抓來，依法治罪。

這一天，湖陽公主因事外出，帶了一大群家奴同行。那個殺人的管家認為風頭已經躲過去了，也混在家奴裡面一起外出。董宣聽到這個消息以後，趕快帶了縣衙門的人馬，守候在湖陽公主必須經過的夏門亭一帶。當公主的車馬前呼後擁地來到夏門亭時，董宣突然往路當中一站，擋住了去路。他用刀往地上一指，大聲地對公主說：「稟告公主，您的管家橫行不法，殺了人，應當判處死罪，請您把殺人犯交出來！」

湖陽公主見董宣攔住她的車馬，要她交出管家，覺得自己在眾人面前丟了面子，很不高興。她把臉一沉，斥責董宣說：「董宣！你身為縣令，不要隨便亂說。我的管家怎麼會殺人？你有什麼真憑實據嗎？」

董宣說：「我當然有憑有據，您的管家殺人的時候，有許多人親眼看見的。您要不相信，我可以找人來作證！」

公主一看情況不妙，趕快改變口氣說：「董宣，你要知道，我的管家是我最信得過的人，就算他真的殺了人，你看在我的面子上，就饒了他這一回吧！」

董宣看到湖陽公主居然藐視法律，想要庇護殺人兇手，就板起面孔大聲對公主說：「公主！您家法不嚴，管家才胡作非為。他既然犯了法，就應當治罪，您不應該替他求情。難道公主家裡的管家就可以不遵守皇上的法律嗎？」

湖陽公主經董宣一責問，一句話也說不出來了。那殺人的管家一看情況不妙，趕快往人背後躲，但董宣早已經認出他了，命令手下一把抓住，拉到路當中，當場就把他斬了。

湖陽公主看到一個小小的縣令居然敢冒犯她，當著眾人的面殺她的管家，心裡非常氣惱。她趕快跑到皇宮裡去，找到光武帝，訴說自己的委屈，要求光武帝為她做主。光武帝聽說董宣對姐姐這樣無禮，也很生氣，立刻下令把董宣抓來，要用亂棍把他打死。

董宣被押到朝堂，見光武帝要打死他，不慌不忙地說：「皇上要打死我，我當然不敢違抗。不過，請您允許我在臨死之前講句話！」

光武帝問：「你想說什麼？」

董宣說：「陛下英明，所以才復興了漢朝。如今公主的管家殺了人，公主置皇上的法律於不顧，想要庇護殺人兇手。我無非是公正地執行了法律，卻要斷送性命。陛下自己制訂的法律卻自己破壞了，這樣怎麼能把國家治理好呢？我看您不必打，我自己在這裡撞死好了。」

說完，就用頭去撞宮殿的柱子，頭皮撞破了，流了滿臉的血。光武帝趕快叫太監把董宣拉住。他仔細一考慮，覺得董宣的話很有道理，但是為了顧權姐姐的面子，就想叫董宣向姐姐賠個罪，把事情了結。他對董宣說：「你按照法律辦事，的確是有道理的，但是你冒犯了公主，使公主受了驚嚇，實屬不該。你現在去給公主磕個頭，賠個不是，我就饒了你。」

董宣聽說叫他給公主磕頭賠罪，很不服氣，說什麼也不肯答應。光武帝叫人把董宣拉到

湖陽公主面前，按著他的腦袋叫他跪下磕頭。董宣一屁股坐在地上，用兩手撐著地，挺著腰桿，強著脖子，死也不肯低頭。

湖陽公主看到董宣態度強硬，覺得自己實在有些下不了台，她對光武帝說：「早先陛下在鄉下的時候，專門庇護那些亡命之徒，做官的都不敢到咱們家裡來搜查。如今陛下貴為天子，難道連一個小小的縣令也處治不了嗎？」

光武帝苦笑著說：「天子和老百姓不同。董宣是個強脖子縣令，是為了維護皇家的法律才這樣做的，我不能處治他。妳就再找一個能幹的人做管家吧！」說完，他下令把董宣放了，還賞賜他一頓酒飯。

董宣把酒飯吃個精光，然後把杯盤全都翻轉過來，底朝上扣在桌子上。

管事的人認為董宣這樣做是有意侮辱皇上，又把他扭送到光武帝面前。光武帝聽說以後，責問董宣說：「董宣，這一次你又有什麼可說的呢？」

董宣正色言道：「皇上賜給我飲食，我不敢剩下一丁點兒；皇上叫我辦事，我要拿出全部力氣，這就是我把酒飯吃個精光並且把杯盤翻轉過來扣在桌子上的意思。」

光武帝聽了，點點頭說：「這樣很好！」他下令賞賜董宣三十萬文錢。董宣把這筆錢全都分給了他的手下。從此，「強項令」董宣的名氣就傳開了。

賞罰宜以功事當否

【名言】

功當其事，事當其言，則賞；功不當其事，事不當其言，則罰。

——《二柄第七》

【要義】

這是運用「二柄」的具體體現，審合刑名。做臣下的發表一定的言論，君主根據他的言論授予相應的職事，專就他的職事責求他的功效。功效符合職事，職事符合言論，就賞；功效不符合職事，職事不符合言論，就罰。

韓非子主張，明主之畜臣，臣不得越官而有功，不得陳言而不當。越官則死，不當則罪。這裡提出了君主駕馭臣下的「三段論」：言論、職事、功效，是臣子要保持一致

的，是辦事過程；功效、職事、言論，是君主要保持一致的，是驗證過程。合則賞，歧則罰，應嚴格實施，毫不懈怠。

【故事】

有一次，韓昭侯因飲酒過量，不知不覺便醉臥在床上，酣睡半晌都不曾清醒。他手下的官吏典冠（也就是職掌君王冠帶的官員）擔心君王著涼，便找掌管衣物的典衣要了一件衣服，蓋在韓昭侯身上。

幾個時辰過去了，韓昭侯終於睡醒了，他感到睡得很舒服，不知是誰還替他蓋了一件衣服，很暖和。他打算讚揚一下給他蓋衣服的人，於是問身邊的侍從說：「是誰替我蓋的衣服？」

侍從回答說：「是典冠。」

韓昭侯一聽，臉立即沉了下來，他把典冠找來，問道：「是你給我蓋的衣服嗎？」

典冠說：「是的。」

韓昭侯又問：「衣服是從哪兒拿來的？」

典冠回答說：「從典衣那兒取來的。」

韓昭侯又派人把典衣找來，問道：「衣服是你給他的嗎？」

典衣回答說：「是的。」

韓昭侯嚴厲地批評典衣和典冠道：「你們兩人今天都犯了錯，知道嗎？」典冠、典衣兩個人面面相覷，還沒完全明白是怎麼回事。

韓昭侯指著他們說：「典冠，你不是寡人身邊的侍從，你為何擅自離開崗位做自己職權範圍以外的事呢？而典衣你作為掌管衣物的官員，怎麼能隨便利用職權將衣服給別人呢？你這種行為是明顯的失職。今天，你們一個越權，一個失職，如果大家都像你們這樣隨心所欲，各行其是，整個朝廷不是亂了套了嗎？因此，必須處罰你們，讓你們接受教訓，也好讓大家都引以為戒。」

於是，韓昭侯把典冠、典衣一起降了職。

韓昭侯的做法在今天看來也許有些過分，但他嚴明職責、嚴格執法、不以情侵法的精神，還是值得肯定的，也有一定的積極意義。

物盡其用，人盡其才

【名言】

夫物者有所宜，材者有所施，各處其宜，故上下無為。使雞司夜，令狸執鼠，皆用其能，上乃無事。

——《揚權第八》

【要義】

讓公雞掌夜報曉，讓貓來捕捉老鼠，如果都能像這樣各展其才，君主就可以無為而治了。

自然界有其永恆的活動規律，支配著天地萬物，使他們各有其道，各按其本分而活動。造物主無所干涉，這就是「無為」。而人類社會中，人總是有意無意破壞「無為」的狀態，從而引起平衡的破壞，反作用於人，造成惡果。各具所長是自然界萬物之規律，人類社會也講究人盡其才。萬事萬物都有其法則，萬物都有其適宜的用處。做到物盡其用，人盡其才，社會就會安定，君主才能無為而治。

【故事】

春秋戰國時代，群雄紛爭，各國的諸侯和貴族們為壯大自己的勢力，鞏固自己的地位，搜羅人才，養士成風。最出名的大概要數曾被齊湣王任命為相國的孟嘗君田文，他號稱門下有食客三千人。

有一次，楚王要送一張珍貴的象牙床給孟嘗君，孟嘗君打算派手下一位名叫登徒直的官員護送。

登徒直覺得此事責任重大，要是有一點損壞，自己就是砸鍋賣鐵，甚至賣掉老婆和孩子，也賠不起。他靈機一動，以一把家傳的寶劍作為代價，買通了孟嘗君的門客公孫戌，設法免去這趟差使。

公孫戌有貪圖小利的不良習氣，接受了賄賂，他故意對孟嘗君說：「小國都把相印送給您，是因為您能扶弱濟貧，使滅亡的國家得以保存，讓絕後的君族有了繼承，所以沒有人不喜歡您的仁義，敬慕您的廉潔。而現在您到楚國接受象牙床這樣貴重的禮物，將給人家留下

什麼樣的印象呢？」

孟嘗君聽他所言甚是，遂謝絕了楚王的美意。登徒直因此避免了這趟差事。

後來，孟嘗君瞭解到，公孫戌是接受了別人的賄賂後，才編造出這套理由的。但他沒有追究公孫戌的責任，反而對他進行了讚揚。原因很簡單：公孫戌的諫言有道理，幫助他避免了一次錯誤。

禮賢下士，不拘一格，是孟嘗君延攬人才的一條策略。在孟嘗君的門客中，他們原來的地位有高有低，身分有貴有賤，有的甚至是逃亡、流浪的有罪之人，孟嘗君對他們都一視同仁，以禮相待。一天晚上，孟嘗君設便宴招待四方賓客，吃飯時，有人無意中將燈光遮住了，一位門客誤以為自己得到的飯菜比孟嘗君的低了一個等級，受了輕慢和侮辱，憤然退席。等孟嘗君明白過來後，就立即站起來，端著自己吃的飯菜讓那人看，原來完全一樣。那位賓客覺得自己錯怪了孟嘗君，慚愧得無地自容，竟自刎而死。

孟嘗君廣招人才，人盡其才，最著名的就是那則關於「雞鳴狗盜」的故事。

周赧王十七年（前二九八年），孟嘗君多次受到秦昭王的盛情邀請，並有意聘任他為相國。當他來到秦國後，卻受到一些人別有用心的挑撥和誣陷，不久就被秦昭王軟禁了起來，並隨時有被殺頭的危險。孟嘗君和隨行的門客們都很焦急。這時，有人給他出主意，只要買通秦昭王身邊那位最得寵的愛姬就可以了。誰知她竟要索取一件白色的狐皮衣才肯疏通。而孟嘗君入秦時，確實帶來過這樣的一件衣服，但早已獻給了秦昭王。正在大家感到一籌莫展之際，有個原來地位極卑賤卻擅長偷盜的門客，自告奮勇願意模仿狗的樣子和動作，潛入秦王宮中，將這件白色的狐皮衣偷回，終於如願以償。那名愛姬得了大衣，十分賣力，孟嘗君很快獲得了自由。

獲釋後，孟嘗君一行立即駕車向齊國方向逃去，大約半夜時分，趕到了函谷關。按照秦國的制度，每天早晨雞叫後，關口才能開門放人。這時，秦昭王已經反悔，派出追兵在後面趕來。孟嘗君一行進退不得，急得像熱鍋上的螞蟻。正在這個危急關頭，隨行的門客中有一個人站了出來，自稱他的特長就是會學雞鳴，且能維妙維肖。於是，他就學著雞鳴，果然，經他這麼一叫，周圍的雞群也都跟著叫起來。守關的人以為開門的時間到了，就起身將他們一隊人馬放行。

誠然，在孟嘗君的門客中也混進了一些什麼事情都不會做的庸人和蠢材，但他畢竟將天下一大批有一技之長的人都搜羅到了自己的身邊。沒有這些雞鳴狗盜的特殊人物在危急關頭各施其長，孟嘗君早就將命送掉了。人們讚嘆孟嘗君善於搜羅人才的策略，是不無道理的。

一棲不兩雄

【名言】

一棲兩雄，其鬥。

——《揚權第八》

【要義】

棲，鳥類歇宿之稱。這裡指鳥窩。鬥，爭鬥的樣子。

俗話說，「一山不容二虎」。一窩棲居兩隻雄鳥，必然要大肆爭鬥。競爭是必要的，一個環境中一個主導者的力量逐步衰弱或另一方力量迅速增長時，必然打破現有的平衡局面，兩者的爭鬥便拉開了序幕，這是無法避免的規律。於是操縱這種平衡就顯得十分必要了，既能減少損失而又能促進發展是上策，而兩敗俱傷也是常有的結局。

【故事】

鄭莊公當了幾十年君主，國力逐漸壯大起來，就有了稱霸的野心，不時找些藉口去攻打鄰近的諸侯國。

他先是約許國一起去攻打宋國，不料許國並沒有出兵。等到鄭莊公打敗了宋國，又順便佔領了戴國以後，就回過頭來，打算收拾許國了。

周桓王八年（前七一二年），鄭莊公召集兵馬，在滎（滎音ㄒㄧㄥˊ）陽的演兵場進行操練。他讓人做了一面很大的旗子，上面繡著「奉天討罪」四個大字，那意思就是說他是奉了周天王的命令去討伐有罪的許國。這面大旗光旗桿就有三丈三尺高，他把旗幟插在一輛戰車上，當作旗車。

他別出心裁地下了一道命令：要是誰能拿得動這面大旗，誰就擔任先鋒，而且把這輛戰車也賞給他。

這道命令剛一發出，隊伍裡就走出了一個黑臉膛、濃眉毛、長滿絡腮鬍子的將軍來。他大喝了一聲：「看我的！」

鄭莊公抬眼一瞧，原來是瑕叔盈。只見他一手拔起旗桿，緊緊握住，往前走了三步，又往後退了三步，再把旗桿插在戰車上。

演兵場上頓時響起了一片掌聲和喝采聲。

瑕叔盈向鄭莊公行了一禮，正想把戰車拉走，隊伍裡又跑出一個將軍來，伸開雙手把戰車擋住，喝道：「且慢！」

瑕叔盈一看，是紅臉大將潁考叔。

潁考叔大聲說：「光是拿著大旗走幾步，沒什麼了不起，我能把它當成長矛來使用！」說著，他拿起旗桿，左掄右轉，一會兒前，一會兒後，把那面大旗耍得呼嚕呼嚕直響，看得滿場的將士全都伸長了舌頭縮不回去，有的竟不由自主地讓自己的腦袋隨著大旗來回晃動。

鄭莊公也看得愣了神，好一會兒才迸出一句話：「好！真是一員虎將，當得起先鋒。車子就賞給你了！」

誰知話音未落，旁邊又跳出來一位白臉大將，衝著潁考叔大叫著說：「你行，我就不行？」

潁考叔見他來勢兇猛，也不答話，趕緊一手拿著旗幟，一手拉住戰車，飛快地向著自己的隊伍跑去了。

這白臉大將名叫公孫子都，他見鄭莊公誇讚潁考叔，很不服氣，此時又見潁考叔不給他機會，又急又氣，操起一把長戟就追了過去。

眼見一場惡鬥就要發生，鄭莊公連忙叫人把他拉住，他這才停止腳步，嘴裡還在罵：

「不讓人試試，這算什麼道理！真是下賤的東西！」

鄭莊公下座勸說道：「兩隻老虎可不能相爭。你也別再生氣了，我自有安排。」說完，另外叫人拉來兩套車馬，一套賞給瑕叔盈，一套賞給公孫子都，鬧了個皆大歡喜。

到了這年七月，鄭莊公約了齊國、魯國的兵馬一起去攻打許國。

潁考叔當了先鋒，當然格外賣力。當圍攻許國國都的戰役剛開始的時候，他一馬當先，拿著那面旗幟登上雲梯，「噌」的一下跳上了城牆，順手撂倒了幾個守城的敵兵。

公孫子都見他跳上城牆，就要搶了頭功，心裡的妒火一下直竄了上來。他躲在人堆裡，趁人沒注意，「嗖」的一箭，向潁考叔射去。

這一箭不偏不倚，正中潁考叔的後心。他大叫一聲，連人帶旗從城頭上摔了下來。

瑕叔盈瞧見了，還以為他是被敵人打死的，氣得雙眼圓睜，鬍子直炸，彎腰操起那面大旗，縱身跳上城牆，回身搖晃著旗幟，鼓動士兵們奮勇衝殺。

「殺——」鄭國人馬軍心大振，吶喊著紛紛登上了城頭，殺散了許國守城的將士。

他們打開城門，三國兵馬就像潮水一樣湧進城去。

一時間滿城殺聲震天，許國士兵抱頭鼠竄，爭先恐後地向城外逃去。

許國君主見大勢已去，急忙換上了百姓的衣服，趁著混亂溜走了。

凱旋之師回到滎陽，鄭莊公賞賜了立功的將士，想起戰死的虎將潁考叔，不由十分傷

心。他聽人們議論說，潁考叔是被自己人射死的，因為那枝箭是從背後射進去的。果真如此嗎？如果真是這樣，那會是誰做的呢？鄭莊公不由起了疑心，他決心追查真相，找出兇手。

過了幾天，他想出一個辦法，叫人立了潁考叔的靈牌，又供上酒菜，讓將士輪流祭奠亡靈，同時咒罵那個射死潁考叔的人。

這麼一來，原來不清楚這回事的將士也都知道了，全軍上下頓時議論紛紛、猜疑起來。有的說是這個人，有的說是那個人，弄得人心惶惶，似乎誰都脫不了嫌疑。這使得他們更加痛恨那個不知名的壞蛋，到了潁考叔的靈前，一面為他的慘死而痛哭，一面又詛咒殺潁考叔的兇手，罵他躲躲閃閃，不敢出頭，是黑心膽小鬼。

公孫子都心中有鬼，表面上也裝得跟大夥兒一樣，一起詛咒那個人，罵他是黑心膽小鬼。

幾天下來，公孫子都心裡真受不了啦。每天晚上，只要他上床一合眼，就會做噩夢。夢中，他看見潁考叔渾身鮮血淋淋向他走來，又是冷笑又是瞪眼，笑他狼心狗肺，冒功領賞，罵他卑鄙膽小，不敢認罪。罵完後，潁考叔從背後拿出一面旗桿向他刺來，旗桿愈變愈粗愈變愈長，他想躲，卻無處可躲，眼睜睜看著旗桿插進了自己的心窩。他嚇出一身冷汗，睜眼一看，只見黑洞的四周好像圍著許多人，這些人好像也都變成了潁考叔，紛紛向他瞪眼睛，咒罵他是無恥小人，是膽小鬼。

公孫子都害怕了，弄得整天神志恍惚，好像隨時都有人會暗暗算計他似的。天天這麼受罪，還不如死了乾脆！

這一天，他去求見鄭莊公。

鄭莊公問：「找我有什麼事嗎？」

「潁考叔是我射死的！」話音剛落，公孫子都就拔出寶劍向自己的脖子抹去。

鄭莊公和周圍的侍從們都大吃一驚，趕緊上前阻攔，但已經來不及了。只見公孫子都倒在血泊之中，很快就斷了氣。

君以臣民之所善否為據

【名言】

群臣百姓之所善，則君善之；非群臣百姓之所善，則君不善之。

——《八奸第九》

【要義】

統治者是靠群臣百姓而形成強大威勢的，因此其行事應考慮到群臣百姓的切身利益。群臣百姓所喜歡的，統治者就應喜歡，就去做；若不是群臣百姓所喜歡的，那統治者就不去喜歡，就不要做。反其道而行之，就會失去威勢，招致亡國的危險。

【故事】

前秦的皇帝苻健有個姪子叫苻堅，年輕的時候就帶兵打仗，一心要建立一番功業。前秦永興元年（三五七年），苻堅接替叔叔做了皇帝。

苻堅用心提拔有才能的人，不許豪強隨便欺負老百姓，還注意興修水利，辦學校，發展生產。一轉眼過了十幾年，前秦強大起來了，出兵滅掉了前燕，使自己的地盤擴大了一倍，成為北方最大的國家。又過了幾年，苻堅又陸續滅了一些小國，把北方統一了起來。

苻堅看著自己的勢力這麼大，就動了統一天下的念頭。

太元七年（三八二年），苻堅召集文武大臣開會，他說：「咱們已差不多把四方都平定了，現在只剩下東南方還有一個晉朝。為了這，我每天食不甘味，寢不安席。我打算率兵南下伐晉，你們覺得怎麼樣？」

大臣權翼反對說：「臣以為不能去打晉國。現在的晉國雖說比咱們弱，可是他們君臣上下的關係很好，謝安等人都很有才能。咱們這麼硬打過去，人家一定會合力抵抗，恐怕很難取勝。」苻堅聽了，繃著臉不吭聲。

又有一個叫石越的大臣站出來說：「晉國有個長江天險擋著，咱們不容易打過去。陛下還是先養精蓄銳，等他們內部空虛了再去打，也不算晚。」

苻堅可不這麼想。他很激動地站起來說：「我的軍隊比晉朝多得多。我的士兵們把馬鞭子丟到長江裡，就能把江水堵住，讓長江斷流。有這麼多人，咱們憑什麼怕長江天險？」

誰知大臣們還是不同意，七嘴八舌，紛紛表示反對。

苻堅可真的發了火，大聲說道：「算了，你們不要再說了，我自有我的主張。」他把大夥兒轟走了，只留下他的弟弟苻融跟他商量。

苻堅對苻融說：「自古以來，辦大事總要靠一兩個人決策，現在就讓你和我一塊兒決定吧！」

苻融說：「依我看，也是不能攻晉。一是時機不適宜，晉國目前上下一心，國力較強；二是晉國還沒有什麼錯處讓咱們抓住，師出無名，難得人心；三是咱們的將士打了這麼多年仗，都打得精疲力竭了，都想過幾天和平安逸的日子，誰也不願意再打了。我看您還是聽從大夥兒的意見吧！」

苻堅生氣地叫喊起來：「沒想到連你也這麼說，叫我依靠誰去？我有百萬強兵，物資堆積如山，打一個弱小的晉朝，就有你說的那麼多難處嗎？我不信！我雖說不算英明，可也不是昏庸的君主，絕不能再讓晉朝留下去了！」

過完年，苻堅不聽大臣們的反對意見，下令出兵伐晉。他讓苻融帶著二十五萬人為前鋒，又派一支水軍從蜀地沿江東下。他自己帶著幾十萬步兵、騎兵為主力，浩浩蕩蕩地往南進發，真是夠威風的。

消息傳到東晉，很多人嚇傻了，拿東晉的這點人力物力去對付這麼強大的敵手，不是太難了嗎？可是謝安倒沉得住氣。他先讓淮河北邊的老百姓趕快遷到淮河南邊來，免得被秦軍抓了壯丁，搶了糧食。接著，他派謝石為大都督，負責全線指揮；謝玄為前鋒，帶著八萬人馬到淮河去迎戰。

一開始，秦軍占了上風，很快渡過淮河，佔領了壽陽。壽陽在淝水西岸，苻融派兵駐在淝水東面的洛澗。

謝石、謝玄他們到了洛澗東面二十多里的地方，探聽到離秦軍不遠了，也都停了下來。

晉軍剛要迎戰，秦軍派了一名使者來。謝石叫那名使者進來，一看就愣住了！他認識這名使者，就是晉朝原來的刺史朱序。朱序守襄陽的時候，跟秦軍打過仗，後來因為兵少沒有援助，城被攻破了，他被俘虜，成了前秦的人。這會兒，謝石見朱序來了，覺得這倒是個機會，可以從朱序的嘴裡打聽打聽秦軍的虛實。

剛巧朱序也有這個心思。他悄悄地對謝石說：「我是奉了苻堅的命令，來勸你們投降的。但我是漢人，怎麼能幫他的忙呢？老實說吧：秦軍誇口有百萬強兵，可是大部分還在路上。如果以後到齊了，你們八萬人很難擋得住。我看就趁他們現在人還不齊的時候先打過去，挫挫他的銳氣。先鋒要是吃了敗仗，後面大軍就亂了。」

謝石、謝玄完全同意朱序的說法。他們派大將劉牢之率領五千精兵，去襲擊洛澗的敵軍。劉牢之和他手下的將士大部分是從北方逃來的農民子弟，早就想打回老家去了，這會兒接到命令，就都趕緊集合好，趁著天黑，渡過洛澗，朝秦軍的營房打過去。

秦軍還在做夢呢，被晉軍冷不防地打進來，無法抵抗，死傷了一萬多人，剩下的急忙往壽陽撤退。晉軍一口氣追到淝水東岸，隔著河就瞧見壽陽城了。

苻堅聽到前鋒吃了敗仗，嚇了一大跳，不敢大意。他趕到壽陽，和苻融一起登上城樓，朝淝水南岸的晉軍望過去，不由得倒抽了一口涼氣。晉軍佈陣十分嚴整，井井有條，密密麻麻地連成一片。再往後看，有座八公山，山上長著很多樹木花草，讓風一吹，搖搖晃晃的。苻堅猛地一看，把這些草木都當成是晉軍的將士了。他打了一個哆嗦，對苻融說：「哎呀！晉軍的力量可真不小，誰說他們人少！」

隔了幾天，晉軍派了使者來，說：「你們離開河邊往後退一下，空出一塊地方來，讓我們渡過河去，然後咱們再決戰！」秦軍的將軍們都不同意，對苻堅說：「咱們人多，他們人少，不如堅守陣地，讓晉軍打不過來，才最有把握取勝。」苻堅想了想說：「沒關係。咱們稍微退一點兒，等他們渡河渡到半途，再一口氣衝過去，一定能打勝。」

苻堅想得倒不錯。他可是萬萬沒想到，後退的命令一下，就亂了套了！秦軍的士兵本來就很複雜，都不想打仗，又各有各的想法：有的是臨時抓來的，根本不想打；漢人的士兵，更不願意跟晉軍打；鮮卑人的士兵，又不願意替氐族人打。所以一接到命令，大夥兒也不知道為什麼撤退，「呼啦」一下子，撤腿就往回跑。騎兵更快，爭先恐後，快馬加鞭，一溜煙兒地跑了。朱序趁這個機會，騎上馬混在退兵裡頭，一邊跑一邊喊：「秦軍敗了！秦軍敗了！」士兵們一聽，跑得更急了，簡直跟大水決了堤似的。這千軍萬馬放開了一跑，誰還擋得住呢？

正在渡河的晉軍看見秦軍沒命地逃跑，可來了勁。他們急忙加快渡河，發起進攻。苻融想叫人馬站住，但他還沒來得及說話就被逃兵撞倒了。晉軍從後面追上來，揮刀猛砍，苻融就死在了亂軍當中。晉軍乘勝猛追。逃跑的秦軍連頭也不敢回，他們聽見風「呼呼」地直颳，聽見遠處有幾隻鶴不住地叫，都以為是晉軍已經追上了，真是風聲鶴唳，草木皆兵。兵敗如山倒，秦兵連喊帶叫地往回跑，有的人被後面的人擠倒了，就再也沒有爬起來。大夥兒又冷又餓，又不敢停下來，晚上也不敢休息。實在睏了，就在露天地裡打個盹兒，又接著跑。凍死、餓死的不計其數。

這一仗，秦軍可是吃了大虧。苻堅在亂軍中被人射中一箭，受了傷。退到洛陽以後，一查點軍隊，只剩下十幾萬人了，連跑的帶死的，損失了七、八成。苻堅難受地哭起來說：「我現在還有什麼顏面統治天下呀！」手下許多將領見苻堅一意孤行，都紛紛離開了他，各自創立自己的基業去了。

小忠乃大忠之賊

【名言】

行小忠，則大忠之賊也。

——《十過第十》

【要義】

小忠，指個人之間的忠。大忠，指對國家社稷的忠。賊，禍害。獻小忠，那是對大忠的禍害。人在小事情上考慮多了，於大事上必然受損。只是對個人盡忠誠，而不考慮整體的利益，全然不顧大局，必然造成對國家的危害。

【故事】

過去，楚共王和晉國的厲公在鄢陵交戰。戰場上死屍遍地，血流成河，鏖（鏖音ㄠˊ）戰正酣，喊殺聲摻雜在馬蹄聲和兵器撞擊聲中，驚天動地。在馬蹄揚起的塵土中，雙方的旗幟在飄舞：一方寫著「楚」字，一方寫著「晉」字。

一開始，楚軍士氣高昂，在副帥子反的帶領下，浴血奮戰，愈戰愈勇，已經完全占了上風，晉軍已漸漸露出敗退之象。這時，由於流汗過多，子反也殺得渾身鮮血，唇乾舌燥，氣力也漸漸不支了，於是他向主帥楚共王那邊策馬靠了過去。在得到共王允許之後，子反返回自己的營地去喝水。

留守老營的是子反的結拜兄弟豎谷陽。豎谷陽聽說子反渴了，趕緊捧出一大罈美酒。他知道子反最愛喝酒了。子反喝了一大口，說：「這是酒啊！拿下去。」按軍令，陣前不得飲酒，以免誤事。

但谷陽卻說：「這不是酒，你好好喝吧！」子反當然明白谷陽的心意，他猶豫了一下，禁不住美酒的誘惑，又喝了起來。愈喝愈覺得味道好，不一會兒就把一大罈酒全喝光了。

子反覺得舒服多了，彷彿渾身都是力氣，他操起長槍，打算重上戰場。可是因為喝酒太多太急，他已經醉了，走起路來搖搖晃晃，上了幾次戰馬都沒上去，好不容易上去了，卻又

「撲通」一聲摔了下來。

谷陽見狀，大吃一驚。他知道子反平時酒量很好，喝上兩三罈酒是不會醉的，沒想到今天才喝了一罈酒，就醉成這樣。沒辦法，只好扶他回帳休息。正在這時，楚軍大隊人馬退回老營來了。原來楚共王右眼被箭射中受了傷，不能繼續指揮，而副帥也不見蹤跡，酣戰未已的楚軍因沒有強有力的指揮，漸漸落了敗勢，部隊一陣混亂，只得敗退下來。

這天夜裡，楚共王敷上了隨軍大夫獻給的特效藥，傷勢有所好轉。他想到自己受傷，部隊傷亡不少，對晉軍恨之入骨，決心明日再戰，以報此仇。他召令子反前來商議軍事，但親兵回來稟報說，子反胸口痛，不能前來。共王一聽大急，他不顧自己傷勢未癒，親往子反帳中探望。進了子反帳中，共王看到子反睡在床上，滿臉通紅，又聞到滿屋子的酒氣，一切都明白了。他一句話也沒說，怒氣沖沖地回到了自己的營帳。

這一夜，楚共王沒能安睡，他愈想愈氣：「我自己受傷了，唯一能依靠的就是司馬子反，但子反又爛醉如泥，明天怎能再戰呢？再戰，恐怕只能敗得更慘，損失更多的將士，甚至招致楚國的滅亡。」共王愈想愈怕，趕忙下令：趁著夜色班師回國。

共王回國以後，想起此次戰敗的一個主要原因就是子反酗酒誤事，雖愛其勇猛，但還是下令斬子反以正軍法，以謝國民。

谷陽獻酒，並不是仇視子反。他的內心是忠愛子反的，卻不想反而害了他。

小利為大利之殘

【名言】

顧小利，則大利之殘也。

——《十過第十》

【要義】

顧，顧惜、眷顧。殘，傷害、毀壞。俗話說：貪小便宜吃大虧。貪圖小利，那是對大利的危害。囿於小利，大局就看不清，為小利而忘大利，大利也就丟掉了。魚兒貪小餌而上鉤；野獸受誘惑而中機關，都是因其小利而喪身。有些本能是危險的，克服了才能衝出險境。

【故事】

春秋時期，晉國與虢國結下了仇怨。晉是個大國，晉獻公想趁機滅掉虢國。可是在晉國和虢國之間，還隔著另一個小國——虞國。晉國進攻虢國，非得經過虞國不可。晉獻公於是召集群臣，商議假道虞國以伐虢的辦法。

大臣荀息進言道：「大王可派人用我們的國寶垂棘之璧和屈產之馬前往賄賂虞公，請求借道。虞公想必就會答應我們了。」

晉獻公聽了很不高興，說：「垂棘璧是我心愛的寶物，屈產之馬是寡人最喜愛的駿馬。如果虞國接受了寶物而不讓我們借道，那可怎麼辦？」

荀息一笑，回答說：「假如他們不想讓我們借道，必定不敢接受我們的禮物。即便他們接受了也沒有關係，大王也不會因此失去這兩件寶物。寶物從大王這兒拿到虞國，就好像從內府挪到外府一樣；寶馬更是這樣，就好像從內廄牽到外廄一樣，早晚還都會是大王的。請大王不要擔憂！」

晉獻公聽後，恍然大悟，隨即派荀息為使節，前往虞國。

虞公見了晉國這兩件寶物，果然歡喜得不得了，準備答應晉國的要求。他的大臣宮之奇聽說了這件事，急忙勸諫虞公：「主公，這事萬萬不能答應他們。」

「哦？為什麼？」虞公看著宮之奇非常著急的樣子，不解地問道。

宮之奇急忙上前說：「虞國與虢國都是小國，兩國的關係就像頰骨與牙床的關係一樣。頰骨依賴著牙床，牙床也依賴著頰骨，虞國與虢國的形勢也正是這樣。如果我們借道給勢力強大的晉國，那麼，虢國早晨滅亡了，虞國傍晚也就會跟著滅亡。這是萬萬不可以的，希望主公不要答應他們。」

但是虞公看著美麗的寶玉和駿馬，實在是太喜歡晉國的這兩件寶物了，他沒有聽從宮之奇的勸告，終於答應了晉國的要求。

晉獻公得知消息後，大喜，遂任命荀息為大將，取道虞國，進攻虢國。虢國國小兵少，抵擋不住晉軍的進攻，趕忙派使節向虞公求援。虞公不敢招惹強大的晉軍，況且他已收受了晉國的賄賂，有約在先，自然不肯發兵相救。因此，虢國很快就被滅亡了。

晉國滅虢之後，便整頓社會秩序，恢復生產，力量更加強大起來。三年之後，晉國就從本土和虢地同時發兵向虞國進攻。可憐虞國遭到前後夾擊，連救兵也無處可搬，被晉國輕而易舉地滅掉了。

虞國滅亡了，晉國統帥荀息牽馬操璧回朝。晉獻公觀賞著三年不見的兩件寶貝，高興地說：「垂棘璧還是原來的樣子，只是屈產馬又大了幾歲啊。」

行僻無禮，亡身之至

【名言】

行僻自用，無禮諸侯，則亡身之至也。

——《十過第十》

【要義】

人的行為應該遵守常規的約束，禮貌待人，謙和處事，這是人們發展的開始。一個人或國家行為乖僻，不加約束，自以為是，必然結怨四鄰，帶來危害，導致身敗名裂。

【故事】

子圍是楚莊王的孫子，楚共王的兒子，康王之弟，為人狡詐殘忍，貪功好大。楚康王死

後，把王位傳給了兒子熊麇（音ㄐㄩㄣ）。子圍親手掐死了登位不久的姪兒，奪得了楚王的寶座，是為楚靈王。登基不久，他仗著在莊王時興盛起來的強大國力，也想獨霸諸侯，於是就召集諸侯在申聚會。

會前，楚靈王召集群臣商議聚會事宜。大臣伍舉進諫說：「要想當霸王，必須得到諸侯的擁護；要得到諸侯的擁護，就必須以禮對待他們。」

楚靈王不以為然，問：「原來的人們召集諸侯大會，都有什麼規矩嗎？」

伍舉於是向他歷數了前代諸王和齊桓公、晉文公召集諸侯大會的往事，問他想模仿誰。楚靈王大言不慚地說：「我要做諸侯的霸主，當然是學著齊桓公的樣子開會了。」

伍舉看著楚靈王驕傲的樣子，不無擔心地說：「召集諸侯大會，一定不能沒有禮節，這可是生死存亡的關頭。以前夏桀在戎會集諸侯，因為沒有禮節，會後就有緡（緡音ㄇㄣˊ）國發動了叛亂；商紂在黎丘會集諸侯，也是因為沒有禮節，會後西戎和北狄就發動了叛亂。大王您一定要謹慎從事啊！」楚靈王聽後不以為然，一心要按自己的想法做事。

於是在開會那天，他帶了很多兵車，鋪天蓋地，想以此震嚇諸侯。宋國的太子參加會議來晚了一會兒，就被他抓了起來。在會上，他想當眾樹立一個好形象，決定去抓回齊國的慶封。慶封原是齊國的大臣，他殺掉齊國的國君後，逃到吳國。吳國把他封在朱方這個地方，生活過得比在齊國還舒服。於是楚靈王就決定攻打吳國。徐國國君的母親是吳國人，楚靈王

懷疑他心中暗向著吳國，就把他也抓起來關了三天，直到他同意做攻打吳國的嚮導，才把他放了出來。

楚靈王命楚國大將屈申率領諸侯各國人馬，一起去攻打吳國。很快就攻破了朱方，把慶封抓住並滅了他全家。屈申聽說吳國已有防備，就沒有繼續進攻，只是把慶封帶回來請功。楚靈王再一次不聽伍舉忠告，一意孤行，硬要逼慶封在刑場上向諸侯說：「請各國大夫聽好了，大家都不要學我慶封的樣子。我殺了自己的國君，削弱了他兒子的權勢，卻還去與各大夫會盟。」結果慶封心想橫豎是死，就在刑場上對諸侯們大喊：「各國大夫聽好了，大家都不要學習楚共王這個兒子的樣子。他殺了自己的國君，奪了他兒子的權勢，卻還要與諸侯們會盟。」各國諸侯聽了，都禁不住捂著嘴偷笑。楚靈王惱羞之極，催人趕快把慶封殺了。

諸侯大會後，楚靈王回到楚國，責怪屈申攻破朱方後，沒有繼續攻打吳國，懷疑他私通敵國，就把他殺了。直到他自己後來領兵攻打吳國，發現確實不好攻打，才悻悻地說：「喔，我以前錯殺屈申了。」

楚靈王剛愎自用，窮兵黷武，為所非為。他先後滅了陳、蔡兩國，又貪於攻打徐國，帶兵長期在外。蔡公子朝吳就鼓動楚靈王的弟弟公子棄疾發動政變，奪了王位。楚靈王身邊大軍一時全都逃散，歸附新王，只剩下靈王孤身一人，連討飯都討不著，只好自縊而死，死在乾溪這個地方。

五音窮身

【名言】

不務聽治而好五音不已，則窮身之事也。

——《十過第十》

【要義】

尋常百姓愛樂如癡無可厚非，而為政者不專心政治，沉溺於聲色犬馬、美酒甘飴不能自拔，則難免誤國，以致惹來國破身死之禍。故自古有「亡國之音」之說。為政者當引以為戒，弄清自己的職責，不要把個人的愛好置於國家利益之上。

【故事】

有一次，衛靈公要到晉國去。一行人走到濮水岸邊，天色漸晚，於是決定設帳宿營。夜半時分，忽然聽到「叮叮咚咚」的琴瑟之聲，清雅哀婉，悅耳動聽。衛靈公披衣而起，問左右的侍從覺得怎麼樣，誰知他們都說聽不到。衛靈公感到非常奇怪，便下令召師涓進見。

師涓是當時著名的樂師，因衛靈公酷愛音樂，便得以經常隨侍左右，頗受寵愛。

師涓來時，樂曲還沒有演奏完畢。衛靈公對他說：「寡人聽到有人演奏一支新曲子，可是身邊的這些侍衛都說沒聽到，你能聽見這樂聲嗎？頗有鬼神難測的幽遠之意。你若能聽見，就替我把曲譜記下來吧。」

師涓於是靜心聆聽，邊聽邊記。過了很長時間，音樂聲才漸漸消失。

第二天，師涓向衛靈公報告說：「臣已記得它的大概了，但是有些地方還不是很熟練。臣請在此再留一夜，我就能把這支曲子練熟。」衛靈公於是又在這兒駐紮了一夜，等師涓演奏熟練，才啟程趕往晉國。

他們到了晉國，晉平公在自己新建的施夷之台設宴招待他們。酒至半酣，衛靈公就站起來說：「我的樂官師涓新近作了首新曲，願意獻給大王。」

晉平公高興地說：「好。」

於是衛靈公就把師涓叫到了台上。晉平公也把本國著名的樂官師曠叫到台上，讓師涓就坐在師曠身邊演奏。師涓於是調好琴弦，端坐台前，把前一天剛剛演練熟悉的曲子彈奏出來。誰知尚未奏完，琴就被身邊的師曠給按住了。師曠大聲說：「這是亡國之音，不能再彈了。」

眾人都一臉驚愕。晉平公問師曠：「你是怎麼知道的？」

師曠說：「這是殷朝末年著名樂官師延為紂王所作的一首靡靡之樂，紂王因此而沉迷其中，最後終於亡了國。商紂王被武王打敗後，師延向東逃跑，逃到濮水時，走投無路，便投河自盡。所以，師涓演奏的這支曲子，也一定是在濮水邊聽到的。而您喜歡聽這支曲子，也一定會像紂王一樣，招致國破身死之禍。因此說，這支曲子不能再彈下去了。」

晉平公說：「寡人不喜歡別的，只喜歡美妙的音樂，師涓你就為寡人彈完吧。」

於是師涓就重新調整琴弦，從頭彈起。

這支曲子極盡憂傷淒惻之美，哀豔委婉，如泣如訴，晉平公聽得大為感動，就問師曠：「這是一支什麼曲子？」

師曠說：「這就是所謂的《清商》啊。」

晉平公問：「《清商》是天下最悲傷的樂曲嗎？」

師曠回答說：「《清商》雖悲，但不如《清徵》。」

「我可以聽聽《清徵》嗎？」晉平公急切地問道。

「不行。」師曠非常嚴肅地說：「過去聽演奏《清徵》的，都是有德的明君。如今，您的德行淺薄，不能聽這首曲子。」

晉平公聽後非常生氣，就命令師曠說：「寡人就是喜歡音樂，你不要再推辭了，快彈給我們聽聽。」

師曠沒辦法，只得調好琴弦彈奏起來。剛一彈奏，就有八對玄鶴從南方飛來，慢慢落在台下宮門的頂上。牠們隨著樂曲的彈奏，又飛落台前，左右分開整齊地排列著，並張開翅膀和著節拍輕舞，引頸高鳴，聲音直沖霄漢。晉平公非常高興，台上眾人無不嘖嘖稱奇，興奮不已。

晉平公起身為師曠端了一杯美酒，感慨地說：「恐怕再也沒有什麼音樂能比《清徵》更好聽的了。」

師曠說：「這還比不上《清角》。」

晉平公更加好奇了：「難道還有比這更好聽的？快彈給寡人聽聽。」

師曠說：「不行。當年黃帝在泰山之上大合鬼神，前有蚩尤開路，風伯清塵，雨神灑道，虎狼護衛，後有鬼神殿後，上有鳳凰覆翼其頂，才譜寫出此曲。以後的皇帝都德行淺薄，鎮服不了鬼神，這支曲子也就沒人再敢彈起。現在我要是彈了，鬼神齊集，您恐怕就福少禍多了。」

晉平公正在興頭上，哪裡聽得進去，忙說：「寡人老了，管不了那麼多，快彈給我聽！」

師曠無奈地嘆了口氣，調琴再彈。彈著彈著，便見黑雲自西方升起，繼而狂風驟發，大雨隨至，吹倒了桌椅，撕烈了帷布，吹飛了屋頂的瓦片。人們四處逃散，晉平公也不由心中大懼，蜷伏於廊室之間，悚悚發抖。過了好半天，天空才漸漸平靜了下來。

從此以後，晉國大旱三年，赤地千里，顆粒不收。

晉平公受此驚嚇，過了沒多久就一命嗚呼了。

貪愎喜利，滅國殺身

【名言】

貪愎喜利，則滅國殺身之本也。

——《十過第十》

【要義】

愎（愎音ㄅㄧˋ），乖戾、執拗。

俗話說：人心不足蛇吞象。欲壑難填，貪心的人不知道何時停止攫取，自以為是，必然愈陷愈深，無法自拔。其實許多時候危險是一點點逼近的，守住自身十分關鍵，否則放縱自己，貪心固執，喜歡私利，則必然招致亡國殺身之禍。

【故事】

春秋末期，諸侯混戰，晉國有智、韓、趙、魏幾個較有勢力的家族。智氏的族長智宣子徐吾想立自己的兒子瑤為嗣，就跟同家族的人商量。族人說：「智瑤有很多長處，卻也有不少缺點。他善於射箭騎馬，勇敢果斷，多才多藝，聰明靈巧，然而卻貪婪、殘酷而不仁義。他能容下誰嗎？」但智宣子不聽勸告，最終讓瑤繼承了自己的衣缽。是為智伯。

果然，智伯剛剛即位，就起了謀奪晉室江山的野心。首先要做的，就是如何削弱韓、趙、魏三家的勢力。他的一位謀士獻計說：「您不如假裝要跟越國打仗，偽託晉侯的命令，要三家各割一百里地，作為軍資。如果三家同意，那我們就坐著不動，就增加了三百里地，同時也削弱了他們的實力。如果哪一家不同意，我們就率領另兩家去攻打他。」智伯說：「此計甚妙！」就派人分別到三家假傳晉君命令要求割地。

韓公接到假命令後，大怒，不打算割地。家臣規勸道：「不能不給啊！智伯這個人好利而傲慢。他來割地您不給，恐怕他會派兵來攻打我們。您現在割地給他，他也養成了驕縱狂傲的習慣，一定會再向其他國家索要土地。其他國家一旦有不聽的，他也一定派兵攻打，那麼韓國就可以避免刀兵之災而靜觀其變了。」韓康子沉默了一會兒，說：「好吧，就按你說的辦。」遂下令將一個萬戶大縣送給智伯。智伯大喜，又派人到魏、趙，提出同樣的領土要

求。

魏懼怕智伯勢力強大，也答應了。而趙襄子因為此前與智家有舊仇，沒有答應。於是智伯就率領韓、魏兩家前去圍攻趙氏，趙襄子見三家聯軍聲勢浩大，遂率兵退到其封地的都城晉陽拒守。

晉陽城經過趙家幾代經營，兵精糧足，老百姓也都願意為趙襄子效力，所以一時難以攻下。智伯率軍在此圍困了一年多，一點辦法都沒有。但是，有一天，一籌莫展的智伯在繞晉陽城觀察地形的時候，終於想出了一條妙計。他趁春天雨水充足，在晉水源頭築起大壩，蓄足水後，決堤淹了晉陽城。趙襄子沒防備這招，全城被淹，眼看就要守不住了。

於是趙襄子就派自己的謀士張孟談去見韓康子，向他進言說：「晉國以往共有六卿，由於范氏和中行氏不得民心，自取滅亡，現在只剩下智、韓、趙、魏四家了。而智伯這個人又非常霸道，無緣無故就要奪別人祖先傳下來的土地。我們的主人趙襄子恐怕對不起先人，沒有給他，他就邀你們兩家來攻打。趙氏眼看就要滅亡了。趙氏滅亡之後，智伯下一步該怎麼樣呢？韓、魏能保全自己嗎？」

韓康子被他說動了心，就問道：「那你說該怎麼辦呢？」

張孟談說：「依我看，你們不如私下和我們主君和好，反攻智伯。智伯的土地要比趙家的多多了。滅掉智伯後，三家平分其地，勢力均衡，唇齒相依，那多好呀！」

韓康子覺得事情重大，自己不能決斷，就暫時留下張孟談，派人連夜到魏桓子營中商議。

魏桓子聽韓康子派來的人說明情況後，也覺得事關重大，一時猶豫不決，不知如何是好。此事就暫且放下。

第二天，智伯請韓康子和魏桓子一同飲酒。席間，智伯覺得勝利在握，便得意忘形，口出狂言，不經意露了野心。韓康子和魏桓子聽得又吃驚又害怕，回到營中，立即決定聯趙反智。他們派兵襲殺了智伯守壩的士兵，把壩中的水反灌向智伯軍中，並趁機率兵衝殺。智軍慘敗，智伯被擒。趙襄子砍下智伯的腦袋，漆過以後，做了尿壺。

趙氏被困期間，秘密策反韓、魏，事為智伯手下的智過發覺，但智伯卻剛愎自用，沒有聽從智過的一再規勸，最終被趙、韓、魏所滅。

耽於女樂，國之大害

【名言】

耽於女樂，不顧國政，則亡國之禍也。

——《十過第十》

【要義】

耽，沉溺、入迷。女樂，女子歌舞。為政者的舉止言行不僅影響其個人，於國於民都有極大干係。置國家大事於不顧，沉溺於女子歌舞，貪圖個人安逸，這是國家的禍害。

【故事】

秦穆公在位期間，由於他治國有方，求賢得力，所以國家漸漸大治。不久，秦攻滅了前

來侵境的姜戎，國力更顯強盛。於是西戎之主赫斑就派使臣由余去參拜秦國，同時觀察穆公為人，探看秦國狀況。秦穆公接見了由余，對他說：「久聞大夫多智，寡人請教一個問題。請問古代的明君與昏君，他們得國與失國都是因為什麼？」

由余說：「他們因節儉而得國，因奢侈而失國。」

由余此來，秦穆公帶他遊覽了秦國許多雄偉壯麗的宮苑建築，有意向他炫耀。穆公知道他這麼說是諷刺他，很不高興地說：「寡人不恥下問，你怎麼拿這樣的話來回答寡人呢？」

由余正色說道：「我是認真地回答您的問題的。過去堯做天子的時候，用土罐盛飯吃，用土碗舀水喝。他所擁有的地域南到交趾，北到幽燕，東西都到了日升日落的地方，國人沒有誰不臣服的。堯把天下禪讓給虞舜後，舜就命人上山伐木，裁製成碗，磨掉斧痕，並拿油漆漆了，運到宮中，當作吃飯的器具。於是諸侯認為他不夠節儉，已經有些不服了。

「等舜把天下禪讓給禹後，禹為了製作一個祭器，不但像舜那樣磨痕油漆，而且還要在器具上用朱砂勾畫些圖案。他拿一些白布鋪在地上坐，拿蔣草鋪成席子睡，連喝酒用的東西都是雕飾過的。他這樣更加奢侈了，不臣服的國家就更多了。等到夏后氏滅亡，殷商建國，就建造了天子專用的大車和傘蓋，吃飯的器具經過雕琢，喝酒的器具經過刻鏤，四壁和台階都用白石灰粉刷了，所鋪的布席也繡上了花紋。由於商朝國君更加奢侈，所以不願臣服的諸侯國就比禹在位時還多。此後，國君都愈來愈懂得修飾裝扮自己的宮室器具，而臣服的諸侯也

愈來愈少了。所以我說，由儉而得國，由奢而失國啊！」

由余一番話，說得秦穆公心中暗氣，卻又沒有辦法。由余出去後，秦穆公召內史王廖進來，把這件事告訴了他。內史王廖告訴秦穆公，這由余原是晉國的賢臣，因不容於晉，才投奔西戎的。穆公更加愀（愀音ㄑㄧㄠˇ）然不樂，他說：

「鄰國有聖賢之人，這是敵國的隱患啊！這個由余是個聖明的人，他在西戎，我很擔心西戎因此而強大起來，你有什麼辦法嗎？」

內史王廖默想了一會兒，說：「聽說戎王居住的地方，荒僻偏遠，與中國道路不通，所以他從來沒有聽過中原各國的音樂。您現在想辦法把由余拖在這裡，再多送戎王一些美女樂師，讓他沉淫其中，再放由余回去，那時君臣必生嫌隙，我們就有利可圖了。」

秦穆公聽罷，點頭稱善，於是依計而行。戎王果然接受了美女樂師，並答應由余留在秦國一段時間。此後，戎王日日設酒擺宴，聽歌觀舞，耽於聲色犬馬，不問政事。國內牲畜死了一半，百姓都逃奔他處謀生了，他也不聞不問。

一年以後，由余從秦國回來，見到戎王這個樣子，心中很生氣，屢屢進諫。戎王不但不能像從前那樣有諫必聽，反而怨恨由余多嘴掃興。由余憤而離開西戎，投奔秦國。秦穆公聽說由余前來投靠，離宮遠迎，立刻拜他為上卿，從他那兒詳細瞭解了西戎的兵力部署與地形地貌，率軍輕而易舉地攻下西戎。得國二十，拓疆千里，秦自此有圖霸之心了。

離內忽諫，危身之道

【名言】

離內遠遊而忽於諫士，則危身之道也。

——《十過第十》

【要義】

身為君王，遠離了權力中心而不聽謀臣諫士的建言，隨時都有顛覆滅亡的危險。中國有句老話叫「主不離位」，說的也是這個意思。古代君主外出巡遊，頗多險象。離開權力中心，就有失去權力的可能，這也是政治動盪的徵兆。無論因何離內遠遊，也必須做好妥善安排。不顧政治情況，單純為了遊樂而隨心所欲出行，危身的可能就更大了。

【故事】

齊國大夫田常，其祖先是陳國的公子陳完。他的父親在位的時候以「大斗進，小斗出」的辦法收買民心，並與各國大夫都有往來，所以田家在齊國的勢力愈來愈大。齊國其他幾家大夫，都暗中懼恨，卻沒有辦法。

有一次，田常覺得朝廷爭鬥很是厭煩，就帶領家眷去東海遊玩。到了那裡後，他被海邊美麗的風景所迷，天天在海邊戲樂，再也不願回去了。一天兩天還行，時間長了，有些家臣覺得不合適，便屢屢勸他回去。說得多了，田常就特別煩惱，便傳下命令：「有誰再敢勸我回家，立殺無赦。」於是，眾人都不敢再多嘴。田常也玩得更加開心了。

有天中午，金色的太陽光芒四射，和暖地照在白色的海灘上，海鷗和各種漂亮的海鳥在遠處潔白的浪尖上飛來掠去。田常正和家人在碧藍的海水裡嬉戲，這時他們突然看見岸上衛兵正和一個人爭執著什麼。那人一捋（捋音ㄌㄜ）白鬍鬚，一把推開攔截的衛兵，直沖沖地走到海邊，站在那裡看著田常。田常心知又是說客，極為惱怒，但看著他一把年紀，不想理他，心想也許一會兒他就會被衛兵趕開了。他一轉身，又接著與家人嬉鬧起來。

沒想到，那老人很倔強，一下子跪在了海邊，在那兒靜靜地等待。衛兵想過來趕他，都被他怒目圓睜的樣子嚇怕了。看到這種情形，田常遊玩的興致也被破壞得一乾二淨了。他幾步跳上岸去，從衛兵手裡一把搶過戟，直衝到老頭跟前。

走到跟前，他才看清這是顏涿（涿音ㄓㄨㄛˊ）聚。他怒沖沖地持戟問道：「你來做什麼，為什麼要衝撞我的衛士，還有禮法嗎？」

顏涿聚仍然跪在那兒，眼睛直勾勾地盯著他說：「您只圖在這東海遊樂，假如宴、鮑、高幾家要圖謀您家的土地，您怎麼辦？您在此期間雖然高興，回去後失了土地，怎麼辦？」

一聽他提到回去之事，田常怒火更盛，說：「我特意傳下命令，有誰再敢勸我回家，就立殺無赦，難道你不知道嗎？」

顏涿聚臉上毫無懼色，平靜地說：「以前，關龍逢因為向夏桀進忠言而被殺，比干因為向商紂王進忠言而被殺，今天您若殺了我，跟他倆一起就湊成三個數了。我為國家，不為自己，死而何憾！」說罷，雙眼一閉，把頭一伸，說：「你殺吧。」

田常怒氣未消，卻也不忍心真的下手，扔掉大戟，拂袖回到了住所。慢慢冷靜下來後，想想顏涿聚說得也對，於是下令收拾行裝，立即起駕回國。剛回國，就聽到風聲，說有人已經密議，他要是再不回來，就要關起城門，不讓他進城，然後謀奪他家的田產。幸虧他回來得及時。

後來，田氏經過幾代發展，削弱了其他大夫的勢力，最終發動政變，取代了姜氏，使齊國成為田家的天下。這中間，顏涿聚苦諫之功不可沒。

不納忠言，滅名之始

【名言】

過而不聽於忠臣，而獨行其意，則滅高名為人笑之始也。

——《十過第十》

【要義】

一個人難免犯錯誤，可怕的是犯了錯誤而不清醒，仍然獨行其是，聽不進別人的勸導。在韓非子看來，世上是沒有完美無缺的君主存在的，因而只有服膺於「君主之道」的，才能擔當天下之任，這就要求君主用法來管理官員，在統掌最高決斷權的同時，要善於聽取臣子們的意見。有過錯卻不聽忠臣勸諫，而又一意孤行，就會一步步走向危險之境，最終導致身敗名裂，為人恥笑。

【故事】

齊桓公是「五霸」之首，九合諸侯一匡天下，笑傲天下，何等威風。而晚年的齊桓公卻備受折磨，落得個意想不到的結局。

夕陽西下，宮殿深鎖。齊桓公垂垂老矣。他發著高燒，呼吸微弱，覺得渾身疼痛難忍，在病榻上輾轉反側，呻吟不止。

但是，沒有醫生來為他看病。

他口渴了，可是沒有人給他送水。

他餓了，也沒有人給他送飯。

宮門已被堵死了，有重兵把守，任何人都不准出入。

齊桓公孤零零地躺在床上，淚流滿面，悔恨不已。悔不該當初不聽管仲的臨終遺言，用錯了人啊！他這一輩子轟轟烈烈，闖下了一番英雄偉業；然而，在晚年他卻錯用了三個人。

「英雄難過美人關。」齊桓公也有這個毛病。有個叫豎刁的瞭解了這一點，就自行宮刑，來見齊桓公，對他說：「我最會選美。大王，請讓我為您管理後宮吧！」

齊桓公既高興，又感動，就答應了他。後來，豎刁果然為他物色到不少絕色美女，齊桓公很滿意，就一再提拔了他。

管仲曾提醒過桓公：「就常人而言，沒有人不愛惜自己身體的。豎刁閹割了自己，為您管理後宮。他連自己的身體都不愛惜，又怎能愛他的君主呢？」而齊桓公生性好色，豎刁順應他的欲望，桓公於是認為他最好。

易牙是桓公的廚師，他的烹調技術十分高明。他做的飯和炒的菜味道鮮美，花樣繁多。由於有了易牙，齊桓公嘗遍了山珍海味。有一回，他吃得高興，當面稱讚易牙：「有了愛卿，寡人算是不枉此一生了！無論天上飛的，地上跑的，還是水裡游的，寡人都吃過了，就差人肉沒嘗了。哈哈！」

不料易牙當天回家就把自己的小兒子殺了，割下頭來蒸熟，做成美味佳餚獻給齊桓公。齊桓公驚愕之餘，賞賜給他大批財物。

另有一個叫開方的，是衛國的公子。他來齊國做官已有十五年了，雖然離家只有幾天的路程，他卻從沒有回過家。有一天，他家裡來信，說他母親病了，想見他。他卻推說政事繁忙，沒有回去。結果，母親臨死也沒能見他一面。

有人把這事報告了齊桓公，桓公由衷地讚道：「這才是難得的臣子啊！」

可是，管仲卻有不同的看法。他臨終的時候，特意叮囑桓公：「豎刁、易牙和開方，都不可信任。人之常情是愛護自己的身體和親人，可是豎刁不愛自己的身體，易牙不愛自己的兒子，開方則不愛自己的母親。這三人都失去了人之常情，還能真心愛您這個君主嗎？希望主公疏遠他們，否則必受其害。」

然而，齊桓公沒有聽從管仲的勸告，他仍然認為這三個人是難得的忠臣。在管仲去世以後，他又進一步對他們委以重任。

結果，在齊桓公患病的時候，他們趁機勾結起來，把持了朝政，封鎖了王宮，不准任何人出入宮門……

桓公後悔了，但為時已晚。

一代霸主就這樣死了，沒有人知道他究竟是什麼時候死的。

很多日子過去了，他屍體上的蛆蟲爬出了宮門，也沒有人去安葬他。

內不量力，削國之患

【名言】

內不量力，外恃諸侯，則削國之患也。

——《十過第十》

【要義】

不自量力，卻想去依靠別國的力量來達到自己的目的，這是削弱國力的做法，是大患。春秋戰國之際，戰亂頻繁，許多小國身處戰火之間，為保存實力，不得不依靠外交上的手段進行周旋，爭取生存空間。而各國弱肉強食，自顧不暇，為各自的利益，難免將別國推向火坑。由此可見，國際爭鬥和人際處事依靠外部力量，有時是必要的；但完全依靠外援，則失敗的可能性極大。因此真正可行的方案，還是應該以對自我力量的真正把握為基礎。

【故事】

秦國派兵攻打韓國的宜陽城，眼看就要攻打下來了。韓國國君非常著急，他主張向鄰國求救，就召集大臣商議。大臣公仲朋不同意求救，他說：「我們的盟國是靠不住的，他們不會為了我們的利益而犧牲自己的利益，因此宜陽最終是要被攻下來的，您倒不如現在就做個順水人情，向秦求和，把宜陽城大大方方地送給秦國，求秦國向南去攻打楚國。這樣咱們就等於把禍患引向了南方。秦國忙於攻打南方，則東方的韓國就安穩了。而且韓國還可以趁機夾擊楚國，從楚國撈回失去的利益。」

韓君聽後，審時度勢，也認為這是個好辦法，於是就派公仲朋西行秦國，前去求和。消息不久傳到了楚國。楚王聽說這件事後非常害怕，連忙召集群臣商議，說：「韓國的公仲朋將與西邊的秦國講和，我們應當如何應對？」

大臣陳軫給他出了一個好主意：「韓國與秦講和，秦國得到韓國的一座都城，他們很可能會合兵共同來對付楚國，這肯定會對楚國不利。請大王派出使者，準備厚禮，告訴他們我們已準備就緒，迎擊敵人。」於是楚國派人出使韓國。

且說韓君本來正焦急地等待公仲朋求和的消息，突然有人報，楚國使者攜帶厚禮求見。

韓王連忙召見，一看禮單，發現光各種奇玩珍寶就送了好幾車。楚王還寫了一封信給韓君，大意是說：聽說秦國攻韓，楚國非常著急，因為同在強秦之側，楚與韓是患難兄弟。如今韓國有難，楚國豈能不救。楚國雖小，現在已全部動員起來，盡出甲兵，要救韓攻秦，請韓國把這個意思向秦國轉告，並希望韓國派人來楚，觀看楚國調軍發兵，以堅定信念。

韓君看後，非常高興，急忙派人入楚觀察。使者進了楚國，剛走到下路這個地方，就被楚王派來的軍隊迎住了。帶隊的將軍告訴他：「我們是先鋒部隊，我家大王率領大軍隨後就到。您趕忙回去稟報韓君，就說楚國的兵馬就要入境了。」使者飛報韓君，而韓君也就急忙派人，飛馬召回了赴秦求和的公仲朋。

公仲朋在路上聽到這個消息後，連忙向韓君上書說：「這樣做不行。秦國攻我，是實打實的事；而楚國要救我，卻僅僅是裝裝樣子。只要我們自己的力量不能抗衡，就應以此為根本作打算，怎麼能輕信楚國的假話而小看強秦的攻擊呢？這是自取滅亡啊！」韓君不聽，繼續召他回朝。仲朋只好怒氣沖沖地回朝，十多天沒有去見韓君的面。

秦國知道這件事後，加緊攻打宜陽。韓王急忙派使者到楚國去催促發兵援救，派去的使者一個接一個，而楚國的救兵一個也沒來，連原來駐在下路的先鋒部隊也撤回去了。不久，宜陽城被攻了下來，秦國意猶未足，又接連吞併了附近六個縣。

韓君自不量力，妄想依靠他的做法來保全國家，也成了諸侯們的笑柄。

無禮拒諫，勢成絶世

【名言】

國小無禮，不用諫臣，則絶世之勢也。

——《十過第十》

【要義】

「禮」是很重要的，繁文縟禮，固然會令人生厭，但不講禮數、不懂規矩也讓人反感。自古至今，許多場合中的禮節講究，讓人能感到其背後真正的意蘊所在，實力是重要的依恃。不知審時度勢，既無理又失禮，必然孤立。國家弱小而不知禮讓，不聽忠臣的勸告，必然造成亡國之禍。聰明人則應正視自己的弱點，汲取眾人的意見，這樣就可以保命全身了。

【故事】

晉公子重耳逃亡列國時，有一天來到了曹國。曹國君主曹共公本不打算接待他。大夫厘負羈進諫，說重耳每隻眼睛有雙瞳重疊，肋骨合生為一，有異人之相，應該好好招待。曹共公這才來了興致，想看一看。

重耳來到曹國的都城，被驛館的人請入館中。接待人員很冷淡，只送上生冷的粗茶淡飯，令人難以下嚥。重耳很生氣，沒有吃。

驛館的人來叫重耳洗澡。重耳走了很長的路，身上很髒，也很想洗澡，就進了浴室。正洗著，浴室門突然大開，曹君身著便服，帶著幾個大臣走了進來，到重耳跟前看他的肋骨，還指手畫腳，嘻嘻哈哈。重耳的隨從聽見聲音，急忙趕來，聽見了他們臨走嘻笑的聲音。隨從們問了驛館的人，知道是曹國國君，無不大為惱怒。

大夫叔瞻與厘負羈隨侍在曹共公身邊。叔瞻見曹君沒有禮遇重耳，反而侮辱了他，就進言說：「我看晉公子不是個平常人，您今天對待他無禮，他日後如果有機會回國執掌政權，恐怕就會對我們曹國不利。您不如乾脆現在就把他殺掉，以絕後患。」曹共公沒有聽從。

厘負羈當初讓曹君厚待重耳，意見未被採納，卻親眼目睹了曹君侮慢重耳的鬧劇，回到家中，鬱鬱不樂。他的妻子問道：「您從外面回來，臉色不高興，是為什麼呢？」厘負羈就向妻子講了事情的經過，嘆口氣道：「我聽說過，君主有福我趕不上，有禍就會牽連我。今天我們國君去見晉公子，對他沒有以禮相待。我作為隨從也參加了，所以感到不高興。」

妻子聽罷勸道：「我早就聽人家說，晉公子重耳將是萬乘之主，身邊的隨從也都是些萬乘之國的將相之才。現在他們處於窮困境地，外出逃亡，在這兒受到侮辱，一旦返回晉國主政，一定會進行報復，誅殺對他無禮的人，那麼曹國會首當其衝。您若不提前結納，將來一定會跟著遭殃。所以您最好現在就去向晉公子表明您和君主的不同。」

厘負羈連連稱是，馬上派人趁夜送了些黃金、珍寶和精製的飯菜到重耳的驛館中。重耳他們沒吃晚飯，正感到十分飢餓，接到厘負羈送來的飯菜，十分感激，就吃了飯菜，但把黃金和珍寶都退了回去。厘負羈見此，更加佩服重耳的賢德。

晉公子重耳從曹國進入楚國，又從楚國進入秦國，在秦國住了三年。秦穆公召集群臣一起商量說：「過去晉獻公與我交好，諸侯沒有不知道的。獻公不幸拋下了群臣，至今已經十年了。他的繼承人不好，我擔心這位繼承人會讓晉國的宗廟得不到打掃，社稷之神得不到祭祀。如果是這樣，我卻不去安定晉國，那就不是與人結交的道理了。我想幫助重耳回到晉國主政，大家認為怎麼樣？」群臣都一致贊同。秦穆公於是召集精兵強將，幫助重耳返回晉國，立重耳為晉國君主。這就是後來赫赫有名的晉文公。

重耳登上君位三年後，果然起兵征伐曹國，派人告訴曹國君主說：「把叔瞻從城牆上吊出來，我將要殺死他而且陳屍示眾！」又派人告訴厘負羈說：「軍隊已逼近了都城。我知道您是沒有和我作對的。請把您家族居住區的門做好標記，我將下一道命令，讓軍隊不要侵犯您的家族。」

曹國本來就是個小國，不堪一擊，很快就被晉國軍隊攻破了城池。結果叔瞻被殺，曹共公被抓，曹國轉瞬間就被滅掉了。只有厘負羈受到了晉軍保護，完好無損。曹國人事先聽到厘負羈受晉軍保護的消息，紛紛率領自己的親屬在厘負羈家避難，因此而得到保全的，有七百多家。這就是禮的作用。

本來，曹國是個小國，而且地形狹窄，處於晉、楚等大國之間。曹國國君所處的險境，就像重疊累加起來的蛋一樣，而又不按外交規矩辦事，對待大國無禮，這就是它滅亡的原因。所以說，國家小又不重視禮儀，不聽諫臣的忠告，故而形成了亡國之勢。

智士必能明察燭私

【名言】

智術之士，必遠見而明察，不明察不能燭私。

——《孤憤第十一》

【要義】

智術之士，也就是通曉法治之術的人。韓非子認為，智術之士與能法之士能夠「燭私」和「矯奸」，他們往往具有遠見卓識，能夠明察秋毫，發現事物的本質，洞察到事情的真相。君主重用了他們，就能消除奸邪之徒帶來的不利影響，國家才有希望。

【故事】

春秋末期的時候，原本強大的宋國已經十分弱小了，軍事實力銳減，經常受到別國的侵略欺辱。

有一次，齊國與楚國交戰，約了宋國一同對付楚國。而宋國君臣商議後，認為自己夾在兩個大國之間，勝了無益，敗了受辱，因此就沒有答應齊國。

齊國非常生氣，於是發兵來攻打宋國。

宋君接到諜報，趕緊派臧孫子飛馬奔赴楚國求救，對楚王說：宋國主持正義、不做齊國的脅從攻擊楚國，從而惹怒了齊國；現在齊國兵臨城下，希望楚國顧念前情，派兵相助。

楚王見臧孫子是來搬救兵的，先是表現出非常高興的樣子，隨即又設宴盛情款待了他們一行，並當場答應馬上派兵去擊齊救宋，還熱情地挽留臧孫子在楚國多住幾天。心急如焚的臧孫子執意不肯在楚國盤桓，向楚王說必須馬上回去覆命。楚王應允，於是臧孫子即辭楚返國報信。

路上，臧孫子一直愁眉不展，憂心忡忡。為他駕車的人感到很奇怪，就問他：「先生您奉君命出來搬救兵，一來就完成了任務，卻不見您喜笑顏開，反而憂形於色，這是怎麼回事啊？」

臧孫子長嘆一聲，說：「你不知道啊！我是擔心楚國救兵不至，宋國就沒有辦法對付強大的齊國了。」

駕車人非常驚奇地說：「咦，怎麼會呢？楚王在朝堂上不是很高興地答應出兵相救嗎？」

臧孫子搖搖頭說：「正是楚王隨意地答應了我們並顯出那麼高興的樣子，才使人覺得可疑啊。你想想看，宋國如此弱小，而齊國又那樣強大，為了救助弱小的宋國而要去得罪強大的齊國，這是一般人都會覺得發愁的事情。現在楚王碰上這種事卻十分高興，這說明他一定不是真心要救我們，而是以答應救助來堅定我們的鬥志。我們鬥志愈堅，則戰鬥愈激烈，而齊國也就會愈疲弊，這正是楚國所希望的啊！」

駕車人聽了，猶未深信。臧孫子返國後，如實向宋君稟報了一切，宋君也不大相信臧孫子的話。結果，齊軍大兵壓境，雙方一場血戰，齊軍已經從宋國奪走了五座城池，而楚國的救兵卻還沒有到。大家這才知道臧孫子說的沒有錯。

見微知著，這是才智之士的遠見之明。

說之難，在知所說之心

【名言】

凡說之難，在知所說之心，可以吾說當之。

——《說難第十二》

【要義】

《說難》講述的是向君主講說的困難，指出講說的關鍵在於因勢利導。一般來說，向人講說勸解的困難，在於是否能深入瞭解講說對象的心態，以便於用自己的說法去順應他，說服他。反之，如果不順應講說對象的心態，即使言之有理，也難以產生應有的作用，有時甚至會引火焚身，招致禍害。生活中也是這樣，講述你的意見，應分清對象，順應他的追求而發。比如，對追求名譽的人，不能用豐厚的利益來勸導，否則就會被當作勢利貪婪的人。摸清人的心態是進言的關鍵。

【故事】

商鞅是中國歷史上著名的改革家，他是衛國貴族的後裔，從小就喜歡研究刑名之學，曾在魏國宰相門下擔任掌管公族事務的中庶子。主人對他的才幹十分賞識，臨終前將他推薦給魏王，作為宰相的接班人。魏王對這位年輕人並不以為然，更不要說讓他擔任宰相這樣重要的職務了。商鞅看到自己在魏國無法找到施展才幹的機會，便悄然離去，來到正處在內憂外患困擾中的秦國。

那時，秦國的新君秦孝公剛剛上台，很想有一番作為。上台後的第一步，便是四處搜羅人才。他下了一道命令：「不論是秦國人還是外來客人，誰要是能拿得出使秦國富強起來的好辦法，就一定得到重用。」

商鞅聞風而至，透過秦孝公最信任的內臣景監的推薦，受到接見。

第一次謁見，秦孝公迫不及待地向商鞅詢問治國之道，然而結果卻令人掃興。商鞅高談闊論，口若懸河，滔滔不絕地大談「帝道」。意見還沒談完，抬頭一看，秦孝公已呼呼入睡，根本沒有聽進去多少，商鞅只好退了出來。

事後，秦孝公很不高興地對景監說：「你的這位門客，只是一個夸夸其談、譁眾取寵的

人，並沒有什麼新思想，這樣的人怎麼能夠用呢？」

景監挨了批評，回去就問商鞅，究竟是怎麼搞的。商鞅說：「我是希望孝公能夠行堯舜之道，所以著重在這方面發表了自己的見解，看來孝公對這一套沒有興趣。」

過了幾天，商鞅又要求景監幫助引薦，他第二次謁見了秦孝公。這一次，商鞅向秦孝公講述的是夏禹、商湯、周文王等人的治國之道，即所謂的「王道」，秦孝公只是耐著性子才聽完，漠然無言。

接連兩次談話都不投機，景監聞之早已失去信心，但這時的商鞅卻反而信心十足。他對景監說：「前兩次，我和國君談的是『帝道』和『王道』方面的設想，他確實態度冷淡，我已有了十分把握，秦孝公一定會對我的第三個方案有興趣。」出於禮貌，景監又請求秦孝公接受商鞅的第三次謁見。

這一次，商鞅經過認真準備，激昂慷慨地從管仲協助齊桓公稱霸天下，談到關於富國強兵的一系列改革設想。秦孝公聽得似乎入了神，談話進入了高潮，商鞅卻戛然而止，告退出來。

第二天，意猶未盡的秦孝公採取了主動態度，他召見景監，對商鞅的學說、才幹大加讚賞，並希望景監安排，再與商鞅深談一次。這一次，秦孝公與商鞅談得更為融洽和投機。秦孝公聽了商鞅關於改革、變法的精闢見解和細密分析，被吸引住了，連君臣之間的禮儀也不顧了，幾次不自覺地移動座位向商鞅靠近。當秦孝公免不了表示出猶豫時，商鞅就鼓勵他，說：「沒有堅定的信心和作為，就不會揚名天下；沒有明確的措施，就建不成什麼功業。您要使國家富強，就不必按照慣例和依從習俗，也不必遵照舊規和拘泥成法。」

兩人一連談了三天三夜，都毫無倦意。

會談結束後，對商鞅的做法最迷惑不解的是景監，他問：「為什麼前兩次談話都失敗，非要等到第三次，才把精彩的方案亮出來呢？」

商鞅解釋道：「一開始我是建議孝公採用五帝或三代治理國家的現成辦法，秦孝公對這些老經驗都沒有興趣，我才認定了他真正希望革新圖強，兩人的想法終於一致。」一直到這時，景監才徹底明白過來。

事以密成，語以洩敗

【名言】

事以密成，語以洩敗。

——《說難第十二》

【要義】

凡謀之道，周密為寶。事情尚未準備好，卻輕易洩露，必然使本來就尚未具備條件的事情更添阻梗，怎能不敗。水之將沸，一次次揭開蓋子，水就很難沸騰。保守秘密是十分重要的，人不密則亡身，國不密則亡國。另一方面，多言之人的言論涉及聽者心中的秘密，自身也就危險了。所以金人三緘（緘音ㄐㄢ，封口、信函之意）口，進言者難，難在適人適時而言。

【故事】

韓昭侯這個人很隨性，平時說話不大注意，往往無意間將一些重大的機密事情洩露了出去，使得大臣們周密的計畫不能實施。大家對此很傷腦筋，卻又不好直言告訴韓昭侯。

有一位聰明人叫堂谿（谿音ㄒㄧ）公，自告奮勇去見韓昭侯，他認真地對韓昭侯說：「假如這裡有一只玉做的酒器，價值千金，它的中間是空的，沒有底，它能盛水嗎？」

韓昭侯想了想，說：「不能。」

堂谿公又問：「有一只瓦罐子，很不值錢，但它不漏，您看它能盛酒嗎？」

韓昭侯說：「當然可以啦。」

於是，堂谿公因勢利導，笑著說：「這就是了。一個瓦罐子，雖然值不了幾文錢，非常卑賤，但因為它不漏，所以可以用來裝酒；而一個玉做的酒器，儘管它十分貴重，但由於它空而無底，因此連水都不能裝，更不用說人們會將美酒瓊漿倒進裡面去了。」

講到這兒，堂谿公抬頭看了莫名其妙的韓昭侯一眼，略微抬高了一點聲調說道：「人也是一樣，作為一位地位至尊、舉止至重的國君，如果經常洩露臣下商討有關國家機密的話，那麼他就好像一件沒有底的玉器。即使是再有才幹的人，如果他的機密總是被洩露出去，那他的計畫無法實施，因此也就不能施展他的才幹和謀略了。」

這時，韓昭侯恍然大悟，他連連點頭說道：「你的話真對，你的話真對。」

從此以後，凡是要採取重要措施或大臣們在一起密謀策劃的計畫、方案，韓昭侯都小心對待，慎之又慎，連晚上睡覺都是獨自一人，因為他擔心自己在熟睡中說夢話，把計畫和策略洩露給別人聽見，以至於誤了國家大事。

符是中國古代朝廷傳達命令、徵調兵將以及用於各項事務的一種憑證。用金、銀、玉、角、竹、木、鉛等不同原料製成，用時雙方各執一半，合之以驗真假。

這件戰國時期秦國的杜虎符（見圖），通高4.4公分，通長9.5公分，1975年於陝西省西安北沉村出土，現藏陝西省博物館。這件杜虎符是現存最早的一件調兵憑證，一符剖為左右兩半，右半留存于朝廷，左半交地方官吏或統兵將帥保管，使用時兩半相合，即為「符合」，表示命令驗證可信。

符作虎走形，虎昂首，尾端捲曲，背面有凹槽，頸有一穿孔。身上有錯金銘文9行30字：「兵甲之符，右在君，左在杜，凡興士被甲，用兵五十人以上，必會君符，乃敢行之。」這也是杜虎符的來歷和用途。

貞士常被名之以誑

【名言】

悲夫寶玉而題之以石，貞士而名之以誑。

——《和氏第十三》

【要義】

題，稱。貞士，忠貞的人。

稀世珍寶被當作頑石，誠心獻寶卻被當成騙子，實在是令人嘆惋。韓非子用和氏獻璞玉而被處以刖刑的故事，比喻當時的法家人士不被任用而反遭迫害的情況，說明實行法治的重大意義和面臨的重重困難，藉以抒發自己的悲憤感情。人們誠心實意地做事，卻反遭誤解，這樣的事情很多，其根源往往是他面對的對象不辨是非，固執己見。雖然會

有和氏這樣的人，一次、兩次、三次地冒生命危險來闡明心思主張，但這樣的人畢竟太少了。

【故事】

楚國人和氏有一次在楚山中砍柴，發現一塊罕見的璞玉，欣喜若狂，急忙把這塊璞玉拿去獻給楚厲王。

楚厲王見璞石未經雕琢，毫無光澤，與普通石頭沒有什麼區別，不像是含有寶玉的樣子，遂疑心此人存心欺騙。但他又一時不敢確定，所以把玉匠召來進行鑑定。那玉匠看了璞石後對厲王說：「這不過是一塊普通的石頭。」

楚厲王聽了這話勃然大怒，大聲喝道：「好一個膽大包天的賤民，你竟敢以亂石充玉欺騙我！」緊接著他命令刀斧手砍掉了和氏的左腳。和氏忍痛含冤離去。

厲王死了以後，武王繼位。和氏聞聽之後，又帶著那塊璞石進宮去進獻武王。武王也找了玉匠進行鑑定。玉匠仍然說它是一塊普通的石頭。和氏因此又慘遭與第一次獻璞相同的災禍，被砍掉了右腳。

一晃許多年過去了，武王死了，文王繼位。

這天，和氏來到楚山腳下，抱著那塊璞玉痛哭起來。一連三天三夜，和氏把淚水哭乾了，又從眼裡哭出血來。附近的村民和過路的行人見此情景都感到悲愴不已，為之傷心落淚。

這件事很快被文王知道了，他派人到楚山察看情況。那差官見了和氏以後問道：「天下受砍腳之刑的人很多，為什麼唯獨你長期悲痛不已呢？」

和氏回答說：「我並不是因為腳被砍掉才這樣悲痛，我痛心的是一塊寶玉被人說成是普通的石頭，一個忠心耿耿的人被說成是騙子。」

文王聽了差官的稟報後，覺得有驗證和氏「璞中有玉」之說的必要，所以令玉匠用鑿子把璞石的表層削掉。果然像和氏所說的那樣，裡面露出了炫目的寶玉。文王又命玉匠把玉石雕琢成璧，並給它起了個名字，叫「和氏璧」，用以昭示和氏的膽識與忠貞。

取捨同異相是非

【名言】

凡人之大體，取捨同者則相是也，取捨異者則相非也。

——《奸劫弒臣第十四》

【要義】

大體，大致情況。取，選取、贊成。捨，捨棄、反對。是，肯定。物以類聚，人以群分。觀點相同的就彼此肯定，取捨不同的就相互反對，這是人之常性。正所謂志同而道合，道不同不相與謀。

【故事】

三國時期，管寧和華歆（歆音ㄒㄧㄣ）是一對非常要好的朋友。他倆成天形影不離，同桌吃飯，同榻讀書，同床睡覺，相處得十分和諧。

有一次，他倆一塊兒去勞動，在菜園裡鋤草。兩人努力幹著活，顧不得停下來休息，一會兒就鋤好了一大片。

這時管寧抬起鋤頭，一鋤下去，碰到了一個硬東西。管寧好生奇怪，將鋤到的一大片泥土翻了過來。黑黝黝的泥土中，有一個黃澄澄的東西格外顯眼。管寧定睛一看，是塊黃金，他就自言自語地說了句：「我當是什麼硬東西呢，原來是錠金子。」接著，他不再理會了，繼續鋤他的草。

「什麼？金子！」不遠處的華歆聽到這話，不由得一聲驚呼，趕緊丟下鋤頭奔了過來，拾起金塊捧在手裡仔細端詳。

管寧見狀，一邊揮舞著手裡的鋤頭做事，一邊責備華歆說：「錢財應該是靠自己的辛勤勞動去獲得，一個德行高尚的人是不可以貪圖不勞而獲的財物的。」

華歆聽了，口裡說：「這個道理我也懂。」手裡卻還捧著金子左看看，右看看，怎麼也捨不得放下。後來，他實在被管寧的目光盯得受不了了，才不情願地丟下金子回去做事。可是他心裡還在惦記金子，做事也沒有先前努力了，還不住地唉聲嘆氣。管寧見他這個樣子，不再說什麼，只是暗暗地搖頭。

又有一次，他們兩人坐在一張席子上讀書。正看得入神，忽然外面沸騰起來，傳來一片鼓樂之聲，夾雜著鳴鑼開道的吆喝聲和人們看熱鬧吵吵嚷嚷的聲音。於是管寧和華歆就起身走到窗前去看究竟發生了什麼事。

原來是一位達官顯貴乘車從這裡經過。一大隊隨從佩帶著武器，穿著統一的服裝前呼後擁地護衛著車子，威風凜凜。再看那車飾更是豪華：車身雕刻著精巧美麗的圖案，一車前垂著五彩綢緞製成的車簾，四周裝飾著金線，車頂還鑲了一大塊翡翠，顯得富貴逼人。

管寧對於這些很不以為然，又回到原處捧起書專心致志地讀起來，對外面的喧鬧完全充耳不聞，就好像什麼都沒有發生一樣。

華歆卻不是這樣，他完全被這種張揚的聲勢和豪華的排場吸引住了。他嫌在屋裡看不清楚，乾脆連書也不讀了，急急忙忙跑到街上去跟著人群尾隨車隊細看。

管寧目睹了華歆的所作所為，再也抑制不住心中的嘆惋和失望，等到華歆回來以後，就拿出刀子當著華歆的面把席子從中間割成兩半，痛心而決絕地宣佈：「我們兩人的志向和情趣太不一樣了。從今以後，我們就像這被割開的草席一樣，再也不是朋友了。」

這則「割席斷交」的故事說明，真正的朋友應該建立在共同的思想基礎和奮鬥目標上，一起追求，一起進步。如果沒有內在精神默契，只有表面上的親熱，這樣的朋友是無法真正溝通和理解的，也就失去了做朋友的意義了。

木折必通蠹，牆壞必通隙

【名言】

木之折也必通蠹，牆之壞也必通隙。然木雖蠹，無疾風不折；牆雖隙，無大雨不壞。

——《亡徵第十五》

【要義】

蠹（蠹音ㄉㄨˋ），蛀蟲、蛀蝕。韓非子是我國古代著名的決定論者，他認為，事物的變化必有其起因。內因是根據，外因是條件，外因藉由內因而產生作用。國家的興亡亦是如此。在《亡徵》一篇中，韓非列舉了四十七種可能導致亡國的徵兆，從政治、經濟、文化、思想、軍事、外交等方面進行了廣泛地考察，對歷史上許多政權的興衰存亡進行了總結。他用木和牆做比喻，分析了亡國的內因和外因：木頭因蛀蝕而折斷，牆壁因縫隙而倒塌。然而枯木雖有蛀蝕，沒有急風不會折斷；牆壁雖有裂縫，沒有大雨不會倒塌。木有蠹，牆有隙，是木折牆壞的內因；疾風和大雨是木折牆壞的外因。最後得出總結：只有推行法治，消除本國的「亡徵」，才能使國家政治得以鞏固。

【故事】

周朝傳到第十代國王厲王姬胡的時候，國內政治腐敗，各種摩擦、衝突愈來愈尖銳。奴隸們經過異常艱苦和繁重的勞動，創造了社會財富，可是他們自己的生活卻絲毫沒有保障，隨時都可能凍死、餓死。奴隸沒有人身自由，連同他們的子女也都是奴隸主的財產。奴隸主隨時可以將奴隸賣掉或者贈送給別人。

那時候，社會上還有一個平民階層。平民是從貴族本身分化出來的。他們不是貴族，沒有特權，也不同於奴隸，他們有人身自由，所以又叫自由民。他們有的住在城裡，有的住在郊外。住在城裡的大都從事手工業和商業，住在郊外的耕種一小塊土地，過著自食其力的日子。

到了周厲王的時候，平民也要受奴隸主貴族的種種剝削和壓迫，奴隸主貴族常常要拉平民去當差，去當兵打仗，弄得平民無法安定地生活。要是遇到天災人禍，平民生活不下去，就不得不向貴族借債。借了債還不起，平民就只得給貴族當奴隸。因此，平民的地位雖然和奴隸有所區別，但他們有著共同的利害，因而常常聯合起來反對奴隸主的壓迫。周厲王的時候，就發生了一次由平民和奴隸參加的大暴動，把人人痛恨的周厲王驅逐了出去。

厲王姬胡是個貪財愛利的暴君，他信任一個叫榮夷公的人。榮夷公教唆厲王對一些重要的物產實行「專利」，由天子來直接控制。這是一種巧取豪奪、搜刮民脂民膏的辦法，不僅遭到老百姓的反對，就是一些比較開明的官吏也覺得很不妥當。

有位大夫叫芮（芮音ㄖㄨㄟˋ）良夫，曾經勸告厲王不要實行「專利」。他指出：「專利」會觸犯大多數人的利益，會引起大多數人的反對。厲王根本聽不進去，他一味寵信榮夷公，任用榮夷公為卿士，命他掌握經濟大權。

周厲王如此貪婪，老百姓哪有不怨恨的，都紛紛咒罵他。大臣召公規勸厲王說：再這樣下去，老百姓就會活不下去了。厲王還是聽不進去，他派了一位衛國的巫師去監視老百姓，如果發現有人議論「專利」，咒罵厲王，就立即抓來殺頭。這樣一來，公開咒罵厲王的人就很少了，人們在路上相遇的時候，互相使個眼色，用眼神來表示對厲王的共同仇恨。就是那些諸侯和大官，也都躲著厲王，不願意和厲王親近。

周厲王卻以為自己的殘暴統治產生了效果，他沾沾自喜地對召公說：「你看，我有辦法能制止老百姓的誹謗，現在他們都不敢說話了。」

召公聽了不以為然，對厲王說：「你這是用堵洪水的辦法來堵老百姓的嘴。壅塞的洪水一旦沖決堤防，就會淹死更多的人。堵老百姓的嘴，也同樣是危險的。治水要採用引導疏通的辦法，對老百姓也必須引導他們把心裡話說出來，他們有好的建議就照著去辦。如果堵住他們的嘴，這能過得了多少太平日子呀！」厲王仍然不聽勸告，反而變本加厲地實行殘暴的統治。

過了三年，也就是在共和元年（前八四一年），一場激烈的爭鬥終於爆發了。成千上萬的奴隸和平民聯合起來，衝向王宮，襲擊厲王。周厲王得到消息，偷偷地溜出王宮，逃奔到彘地（彘音ㄓˋ，今山西霍縣），才保住了一條性命。

憤怒的起義群眾找不到周厲王，哪裡肯甘休，他們決定找太子姬靖去抵罪。太子姬靖當時還是個孩子，嚇得趕快躲到召公家裡，請召公保護他。起義群眾包圍了召公的家，勒令召公交出太子。

召公心裡忖度：「以前我規勸過厲王，他不肯聽我的勸告，所以會有今天的災難。我要是把太子交出去，厲王一定以為我怨恨他，所以沒有盡力保護太子；可是我不交出太子，人們一定不肯答應，這教我怎麼辦才好呢？」他考慮再三，決定把自己的兒子冒充太子姬靖，交給了起義群眾，這才搭救了太子，使姬靖躲過了這場災難。

群眾起義平息了，周厲王躲在彘地不敢回來，太子姬靖是因為有了替身才撿回一條命的，暫時不能公開露面。可是沒有天子，國家大事由誰來做主呢？召公和周公商量以後，決定由他們兩人出面代行天子的職權，管理國家大事。周公、召公聯合執政的時期，歷史上稱為共和時期。共和十四年（前八二七年），逃亡在外的周厲王死了，太子姬靖也已經在召公家裡長大成人了。周公、召公決定讓姬靖繼承王位，把政權交還給他。這就是西周的倒數第二位國王周宣王。

備其所憎，禍在所愛

【名言】

備其所憎，禍在所愛。

——《備內第十七》

【要義】

《備內》是談論君主如何防備宮內的后妃和兒子等人弒君篡位的文章。所謂「明槍易躲，暗箭難防」，防備自己所憎恨的人，禍害卻來自所親愛的人。韓非子認為人與人之間都是利害關係，君主和妻子、兒子之間也存在著嚴重的利害衝突，陰謀篡權的臣子常會利用這種矛盾，達到劫君弒主的目的，執政者不可不防。

【故事】

春秋時，晉獻公征服了驪戎部族，驪戎將他的兩個女兒獻給了他，大的叫驪姬，小的叫少姬。

驪姬長得非常漂亮，又聰明伶俐，晉獻公非常喜歡她，日夜不離左右。

晉獻公十二年（前六六五年），驪姬生下一個兒子，取名叫奚齊。獻公非常疼愛他，便打算廢掉太子申生，改立奚齊為太子。

這天，他召集眾臣議事，對大臣們說：「曲沃城是我們先祖宗廟所在地，蒲城靠近秦國，屈城靠近狄國，這些地方都十分重要。稍有閃失，就會危及晉國的安全。如果不派遣公子們去鎮守，我會非常擔憂。」於是，獻公讓太子申生去駐守曲沃，其他幾個孩子也分派到外地駐守——公子重耳駐守蒲城，公子夷吾駐守屈城。而驪姬所生的兒子奚齊則留守晉國都城絳城（今山西翼城東南）。

太子申生的母親是齊桓公的女兒，名叫齊姜，這時早已去世。公子重耳的母親是狄人狐氏女子。公子夷吾的母親是重耳母親的妹妹。在晉獻公的八個兒子中，這三人是最賢良的。但獻公因為寵愛驪姬和奚齊，就漸漸疏遠了這三個兒子。

三個兒子在邊城，而奚齊在身邊，驪姬一遍遍述說奚齊的長處，獻公也愈來愈覺得奚齊

好。有一次，獻公對驪姬說：「我想廢掉太子，讓妳生的兒子奚齊代替他，妳看怎麼樣？」驪姬假意哭著說：「太子已經冊立，諸侯們都已經知道了，而且太子多次統率軍隊，戰功赫赫，百姓都歸附他，為什麼要為了我廢掉太子而立庶子呢？你一定要這樣做，我就自殺。」然而驪姬這樣完全是做戲，她當著獻公的面百般讚揚太子，暗中卻讓人設計誹謗太子，想辦法害死太子，讓奚齊取而代之。

有一次，驪姬派人捎信給太子說：「君王近日曾夢見你的母親齊姜，太子應去曲沃祭祀母親，回來後把祭肉獻給君王。」太子立即趕到曲沃去祭母親。回晉都後，太子把祭肉獻給獻公。獻公當時出去打獵了，太子便把祭肉留在宮中。驪姬派人偷偷在祭肉中放了毒藥。

過了兩天，獻公打獵歸來，廚師把祭肉呈獻給獻公。獻公正想享用，驪姬從旁阻止說：「祭肉來自遠方，應當檢驗一下。」獻公命人拿一塊祭肉給狗吃，狗吃了後，就立刻死了。

驪姬流著眼淚說：「太子多麼殘忍啊！連自己的父親也想要殺害，以便取而代之，何況他人呢？誰不知道君王已經老了，早晚是要死的，太子連這幾天也等不及，偏偏要弒君奪權！太子這樣做肯定是因為我和奚齊的緣故。我請求允許我們母子躲到別的國家去。」獻公聽了，怒不可遏，就傳令立即召太子晉見。

太子聽到消息，知道驪姬有意陷害，此去凶多吉少，遂急忙逃往新城（今山西侯馬西）避難。獻公沒抓到太子，便遷怒於他的師傅杜原款，下令殺了他。

秦始皇兵馬俑，位於陝西省西安市臨潼區東5公里的下河村。
秦始皇陵建於西元前246年至西元前208年，歷時39年，是中國秦朝皇帝秦始皇的陵墓，也是中國第一個規模宏大、佈局講究且保存完好的帝王陵寢，現存陵塚高76米，陵園佈置仿秦都咸陽，分內外兩城，內城周長2.5公里，外城周長6.3公里。

有人對太子說：「下毒藥的人明明就是驪姬，太子為什麼自己不去辯白，揭穿驪姬的陰謀呢？」

太子回答說：「我們的國君老了，如果沒有驪姬，他就睡眠不安，飲食不甘。如果我去辯白，國君一定會對驪姬發怒，說不定會殺了她，不行。」

又有人對太子說：「你可以暫時逃奔到其他國家去。」

太子說：「背著這個惡名而出逃，誰肯接納我？」

太子低頭沉思良久，嘆口氣說：「唉，我還是自殺吧。」於是，太子申生就在新城自殺身亡。

這時，太子申生的兩位弟弟——公子重耳、夷吾正在絳都朝見獻公，聽到太子

申生自殺的消息，兩人擔心受到株連，趕緊離開了絳都。有人暗中向驪姬告密：「兩位公子怨恨妳進讒言殺死太子。」驪姬聽了非常恐懼，就對獻公說兩位公子的壞話，造謠說：「申生在祭肉裡下了毒藥，兩個公子事先知道這件事，他們是同謀。」兩位公子聽到消息，害怕獻公不辨是非，胡亂治罪，慌忙逃走。重耳逃到蒲城，夷吾逃到屈城。獻公見兩個兒子不辭而別，認為他們謀反的跡象已經很清楚了，便派遣軍隊去征討蒲城的重耳。重耳不得已又逃往狄國。獻公又派大軍征討屈城的公子夷吾，夷吾無力抵抗，只好逃亡到梁邑。

晉獻公二十六年（前六五一年），晉獻公患了重病。臨終時，他把年幼的太子奚齊託付給大臣荀息。獻公去世後，荀息擁立奚齊繼位為君。

朝廷中的大多數大臣早就對驪姬的所作所為恨之入骨，當然不會擁護她的兒子做國君。大臣里克、邳鄭等人在喪禮上就斬殺了奚齊。荀息又擁立奚齊的弟弟悼子繼位，里克等人又殺了悼子。荀息無法完成晉獻公的囑託，只好自殺了。

驪姬用詭計害死太子申生，目的是想讓自己的兒子繼位做國君，結果是她的兒子被殺，這是她始料未及的。

鏡應執清，衡宜執正

【名言】

鏡執清而無事，美惡從而比焉；衡執正而無事，輕重從而載焉。

——《飾邪第十九》

【要義】

執，保持。無事，意謂不受干擾。比，同。載，稱、衡量。

鏡子保持清亮而不受干擾，美醜就會自行顯示出來；衡器保持平正而不受干擾，輕重就會因此衡量出來。作為個人，不受各種欲望的誘惑，才能秉持中正。而治國者尤當以法治為寶，以法為本，嚴明賞罰，才能整飭邪惡，杜絕迷信鬼神和玩弄智巧等醜惡現象的發生。

【故事】

戰國時，魏文侯任命西門豹為鄴縣縣令，西門豹內心非常感激，決心要有所作為，以報答文侯的知遇之恩。

鄴縣原本是個窮縣，社會風氣也不好，陳規陋俗頗多，尤其是一年一度為河伯娶婦的風俗，簡直成了當地一大害。當時漳水氾濫成災，以三老為首的地方鄉紳與官吏相互勾結，藉機搜刮民脂民膏。他們謊稱河水氾濫是因為百姓對河神不敬，要求從民間選出一名少女做河伯的媳婦，每年正月十五那天由女巫舉行儀式，將少女投入河中，稱為「河伯娶婦」，否則，河伯就會發怒，百姓就要遭災。官員們每年都要派人四處挑選年輕美貌的少女，並藉機搜刮民財，根本不為百姓辦事。河伯的媳婦年年都給娶了，老百姓照樣年年遭災。

正月十五到了，又該給河伯娶媳婦了。新任縣令西門豹被邀來主持儀式。

寒風凜凜，冷氣逼人。漳水河邊人山人海，鑼鼓陣陣，鞭炮齊鳴，以三老為代表的鄉紳、當地大小官員以及四里八鄉前來看熱鬧的人呈半圓形圍在河邊。場地中央，一身新娘裝扮的少女在寒風中瑟瑟發抖，不停地抽泣。在她身旁，一名女巫率領幾名弟子手舞足蹈，口中念念有詞。

儀式開始，西門豹走上前去，掀開蓋頭看了看官員們給河伯選的「媳婦」，對巫婆說：

「這位姑娘不太漂亮，請您去給河伯通報一聲，等我們另選漂亮的女孩，盡快給他送去。」

女巫萬萬沒有想到會是這樣，嚇得目瞪口呆，還沒來得及叫喊，便被兵士抱起扔進了河裡。

這時，所有的圍觀者都愣住了，看到剛才所發生的一切，他們都不敢相信這是真的。鼓樂聲戛然而止，劈哩啪啦的鞭炮聲漸漸消失，全場頓時一片寂靜。

過了一會兒，西門豹裝著不耐煩的樣子說：「巫婆怎麼還不回來？請徒弟去催一催。」又叫兵士把巫婆的徒弟扔進河裡。

又過了一會兒，他說：「看來女流之輩不能言事，還是請三老去一趟吧。」三老也一個接一個被扔進了河裡。

其他官吏見此情景，嚇得屁滾尿流，一齊叩頭求饒。西門豹不動聲色地說：「看來河伯好客，他們一時還回不來，我們暫且回去吧。」

從此，再沒有人敢提為河伯娶媳婦的事了。西門豹就動員百姓，利用農閒時節大力興修水利。當年，鄴縣人民戰勝了洪水，獲得了豐收。

西門豹又察訪民情，整頓吏治，撤換貪官污吏，懲辦土豪劣紳，興學校，修道路，建橋樑。一年下來，他做了不少大事，受到了當地百姓的衷心擁戴。

西門豹為官清正，不謀私利，一心放在工作上，他沒有、也不願意去巴結魏文侯的左右

親信，於是這些人就勾結起來，早晚在魏文侯面前說西門豹的壞話。這年年終，當西門豹向魏文侯彙報全年的工作時，魏文侯竟然不肯聽他彙報，還收回了他的官印。

西門豹起初一頭霧水，不明白問題之所在，後經人指點，恍然大悟，於是他向魏文侯請求說：「以前我不知道怎樣治理鄴縣，現在明白了。希望主公將官印交還給我，給我一年時間，讓我再去治理鄴縣。如果治理不好，不出成績，臣願以死謝罪。」魏文侯見西門豹一臉誠懇的樣子，不忍心拒絕，又將官印交還給他。

西門豹回到鄴縣。在新的一年裡，他貪污受賄，橫徵暴斂，大肆搜刮民財，攫取了大量財富。這些財富，他留下一部分自己享用，其餘的用來賄賂魏文侯的左右親信，有事沒事就去拜訪他們，給他們帶去貴重的禮物。於是，左右們就在文侯面前說西門豹的好話，西門豹幾乎不理政事，他們卻說他做了很多利國利民的好事，深得百姓愛戴。

年終，西門豹又去向魏文侯彙報情況。這一次，魏文侯親自來迎接他，還主動向他行禮。西門豹感到又好氣又好笑，他向文侯彙報了這兩年的真實情況，然後說：「去年我一心為主公治理鄴縣，主公收繳了我的官印；今年我為主公的左右親信治理鄴縣，主公卻主動向我行禮。我真的不知怎樣治理鄴縣了！」說完，就要交出官印，轉身離去。

魏文侯急忙起身離座，予以挽留，他把官印又交到西門豹的手中，說：「我今天才如夢初醒！先生，過去我不瞭解您，現在瞭解了。希望先生原諒我的過錯，繼續盡力為我治理鄴縣吧！」

西門豹見他態度誠懇，也就沒再推辭。

忠臣為君王勤懇工作，不徇私情，卻得罪了君王周圍的貪官污吏，本該受賞的卻受到處罰。奸臣大膽妄為，放縱自己的欲望，使忠臣不願盡力，而君王不禁止奸邪的行為，卻讓這種人得到利益，這樣，無論如何也無法治理好國家。所以，君主應秉持中正，不聽一面之詞，深入生活，瞭解事實，才能有所作為。

儀禮之用

【名言】

禮者，外飾之所以諭內也。

——《解老第二十》

【要義】

外飾，描繪內心活動的一些禮節上的表現。韓非子認為，禮是用來表明內心感情的外在表現，用來表達各種義理，規定君臣、父子關係，明示貴賤、賢愚等差異。

【故事】

漢高祖劉邦本沒有什麼文化，一向不喜歡讀書人，也討厭那些斯文的禮節規矩。他建立漢朝做了皇帝以後，覺得秦朝的那一套禮儀制度太麻煩，就把它一概廢除了。這一來卻亂了套，因為沒有禮儀的約束，那些出身寒微而又自恃有功的大臣們，在朝廷上太隨便了，吵吵鬧鬧的很不成體統。

劉邦準備給大家論功封賞的時候，大家爭得不可開交，爭論了一年多也決定不下來。劉邦認為蕭何的功勞最大，許多大將聽了都不服氣，他們大聲吵嚷說：「我們衝鋒陷陣，攻城掠地，多的身經百戰，少的也打了幾十仗。蕭何在後方光動動嘴皮，搖搖筆桿，沒有汗馬功勞，憑什麼給他記頭功？」

劉邦見大夥兒不服，也動了肝火，就提高嗓門問大家：「你們知道打獵嗎？」

大夥回答說：「誰還不知道打獵！」

劉邦說：「那麼你們知道獵狗嗎？」

大夥兒亂嚷嚷說：「知道，知道。」

劉邦說：「打獵的時候，追捕野獸的是獵狗，發號令叫獵狗去追趕野獸的是人。你們這些人只會衝鋒陷陣，消滅敵人，跟獵狗一樣，而蕭何就是那發號施令的人，你們怎麼能跟他相比！」

大將們聽劉邦把他們比作狗，更不服氣了。他們大聲喧嘩，狂呼亂叫，有的人甚至拔出劍來，砍宮殿上的柱子，真是亂成了一團。劉邦這個平日不講禮法的人也受不住了，覺得這

樣下去可不得了，應當想個辦法整頓整頓才好。

有個叫叔孫通的儒生，原先在秦朝做過待詔博士，投到漢朝的日子還不久，因為劉邦一向討厭儒生，所以他的地位並不顯著。這時候，他看出了劉邦的心思，就對劉邦建議說：「爭奪天下的時候，儒生沒能做出多少貢獻；得到了天下以後，儒生卻能幫助陛下守好天下。我願為陛下到魯國去徵集那些懂得禮儀的儒生，來幫助陛下制訂朝儀，整頓好朝廷上的秩序。」

劉邦雖然不滿意朝廷上亂糟糟的情況，可是一聽說要制訂朝儀，卻又犯了愁。他怕儒家那一套禮儀太繁瑣，不容易學會，所以他抱著懷疑的態度問：「那不是很難學嗎？」

叔孫通說：「禮儀這東西，是可以根據時世的不同和人們的需要來制訂的。夏、商、周三代的禮儀，是互相繼承而又有所增減的，並不完全相同。我可以把古代的禮儀和秦朝的禮儀結合起來，再根據今天的需要，制訂出一套新的禮儀。」

劉邦說：「那你就試一試吧。不過千萬要簡單些，使我和大臣們都容易學會。」

於是叔孫通就到了原先魯國的地方，召集懂得古代禮儀的儒生三十人，請他們一起來制訂朝儀。叔孫通先叫人在長安郊外用竹竿和茅草搭了一個草棚，帶著三十個儒生、劉邦的一些近臣以及他自己的弟子，總共一百多人，開始制訂並演習朝儀。進行了一個多月，叔孫通請劉邦來觀看演習。劉邦看了演習後，說：「這個我能學得會，就照這樣辦。」於是他下令叫朝廷裡的全體文武大臣都來學習朝儀，定於漢高祖七年（前二〇〇年）十月正式實行。因此漢朝初年是以十月作為一歲之首的。

十月到了，長安的主要宮殿長樂宮落成。那一天，天還沒有大亮，朝拜皇帝的儀式正式開始。準備朝見皇帝的文武官員，按照官職的大小，在宮門外排隊等候。宮殿外邊懸掛著五彩繽紛的旗幟。威武雄壯的衛士手執刀槍斧鉞（鉞音ㄩㄝˋ）等兵仗排列兩邊。傳令官發出號令：「傳大臣們上殿！」大臣們就分兩路進入大殿。

太尉等武官站在西邊，面向東；丞相等文官站在東邊，面向西。等大家站定後，傳令官代表群臣請皇帝上朝。漢高祖坐輦（輦音ㄋㄧㄢˇ）車從內宮來到殿上，接受群臣朝拜。參加朝拜的群臣都要自報姓名、官職，恭恭敬敬地行跪拜禮，然後再退回到自己的位置。朝拜完畢，漢高祖賞賜群臣飲法酒。群臣把酒杯舉到跟自己額頭一樣的高度，齊聲喊：「謝酒！敬祝皇帝萬壽無疆！」然後一飲而盡。酒是有限度的，完全是為了禮儀上的需要，絕不允許喝醉，所以叫做法酒。

在朝拜的過程中，御史負責執法，凡是在禮儀上出了差錯的，就叫衛士把他帶走。因此大臣們都十分嚴肅認真，從開始到結束，沒有一個人敢喧嘩失禮的，唯恐出了差錯。

朝拜儀式結束以後，出身寒微的漢高祖十分高興，他說：「今天我才知道做皇帝是這麼尊貴啊！」於是他拜叔孫通為奉常（專管朝廷禮儀的官職，後來改稱太常），並且賞賜給他

秦軍士復原圖

秦軍兵俑不戴頭盔。有專家說，「不戴頭盔是為了在戰場上顯出英勇的氣勢，可以壓倒敵人。」有專家說是因為當時「刀」還沒有大規模裝備部隊。當時的步兵武器 主要是「刺殺武器」，如戟、劍。步兵作戰，長距離用「戟」，近戰用劍。因這些兵器大多用青銅製成，韌性差，砍殺時易折，故多製成刺殺兵器。使用這些「刺殺 武器」，攻擊的部位大多是胸、腹部，因此，秦兵馬俑大都披有胸甲。因為作戰時頭部被「劈砍」的概率較小，因此秦軍是不戴頭盔的。

黃金五百斤。

自從叔孫通制訂朝儀以後，原先宮廷上那種亂哄哄的情況再也沒有出現過。從此，皇帝有了至高無上的威權，臣子成了皇帝的忠實奴僕，封建社會裡君臣之間一整套禮儀規矩建立起來了。這套禮儀規矩在中國封建社會裡一直實行了兩千多年，從形式上鞏固了封建君主的統治。

千丈之堤潰於蟻穴

【名言】

千丈之堤以螻蟻之穴潰，百尺之室以突隙之煙焚。

——《喻老第二十一》

【要義】

螻蟻，螻蛄和螞蟻。突，煙囪。

《喻老》是韓非子用歷史故事和民間傳說闡發《老子》思想的哲學文章。《老子》說：「天下之難事必作於易，天下之大事必作於細。」又說：「圖難於其易也，為大於其細也。」韓非子對此作了形象的闡釋：千里長堤，因為螻蟻營窟而導致潰決；百尺高屋，因為煙囪裂縫的漏火而導致焚毀。因此說，要想控制事物，必須在它細小的時候著手，防患於未然。成語「千里之堤，潰於蟻穴」即出典於此。

【故事】

戰國時候，齊國有一位非常出名的民間醫生，姓秦，名越人。據說我國上古時代有一位醫術非常高明的醫生叫扁鵲，因為秦越人的醫術也非常高明，所以人們也就尊稱他叫「扁鵲」，時間久了，他的真名秦越人反而被人們淡忘了，「扁鵲」的名字倒傳開來，以至於後來的一些史書也都稱他為「扁鵲」。

扁鵲治病的方法是多種多樣的，他不但能夠用醫藥治病，還能夠用針灸、按摩治病。他根據病人的病情採用不同的方法治病，效果極好。當時扁鵲周遊列國，為老百姓治病。他到了趙國，看到趙國婦女得病的很多，就做了婦科大夫，給婦女看病。他到秦國，看到秦國兒童得病的很多，又專做兒科大夫，給兒童治病。他到了周天王的都城洛陽，看到洛陽老年人得病的很多，於是又做了耳目科和治療神經麻痹、風濕症的大夫。因此，扁鵲深受老百姓的歡迎和尊敬。

有一次，有一家死了一個人，屍首已經擱了幾天了，家裡人正忙著辦喪事。正好扁鵲走到這裡，他詳細詢問了病人臨死時的情況，又仔細察看了死者的屍體，就斷定這個人並沒有死，而是一種嚴重的昏迷。他對死者的家屬說：「這個人還可以治活過來。」大家都不信，

人都死了，怎麼還可以再治活？可是扁鵲給他扎了幾針，「死人」真的又活了；又給他吃了些藥，病人的病全好了。於是扁鵲能起死回生的消息就一下子傳開了。可是扁鵲卻不這樣認為，他說：「這個人本來並沒有死，生命還在他身上，我只不過幫助他把受到壓制的生命回復過來就是了。」扁鵲雖然一再這麼解釋，可是人們還是說他能起死回生。

有一次，扁鵲經過蔡國，去拜見蔡桓公。他站在朝堂上跟蔡桓公說了幾句話，相看了蔡桓公的面色後，向桓公說：「大王您面色紅潤，這是健康強壯的表現。但是皮膚毛孔擴大，間或有異常的反光亮色，這是皮膚表層有病。您應該馬上醫治，如果拖延下去的話，恐怕就會深入到身體內部。」

蔡桓公笑道：「寡人餐飲無減，舉動如常，而且心情舒暢，哪裡有什麼毛病。你多慮了。」扁鵲見蔡桓公不信，就退回驛館，等桓公自己察覺病情來請，再去救他。

桓公等扁鵲走出王宮後，便笑著對眾臣說：「醫生嘛，都是這個毛病，喜歡指著沒病的人說你有病，然後他來治，輕輕一『治』就好，於是他就名聲大揚。怪不得人們說扁鵲是名醫，原來是精通此術啊！」大臣們都哈哈大笑。有位大臣還取笑說：「可惜這次遇錯了人，名醫沒有『用武之地』了。」又是一陣大笑。

十天後，扁鵲再到朝堂上去看蔡桓公，見蔡桓公面色更加紅潤，鼻翼的毛孔已清晰可見，便說：「大王您的病已經深入到肌肉層，再不抓緊時間治療的話，它就要更深入了。」

桓公不搭理他，朝上的大臣們都捂著嘴笑。扁鵲出來後，桓公覺得扁鵲兩次咒自己，心裡已有些不悅。

又過了十天，扁鵲再次上朝察看桓公的病情，見桓公說話已略有氣短之跡，就向桓公說明他的病已經到了腸胃，再不治療，就要更深了。桓公仍然沒有搭理他。扁鵲出來後，桓公甚至有點發火了，說：「這個秦越人是怎麼搞的，要不是看他確曾治好過不少人，像是有點本事的樣子，寡人早就把他趕走了，哪能讓他無事生非，在這裡咒寡人！」

再過十天，桓公正坐在朝堂上與大臣們議事，忽報扁鵲求見。桓公實在煩透了，本不想再讓他進來，想想扁鵲名聲甚大，曾治好過許多王侯將相的病，不應該得罪太狠，於是宣他進殿。不料，扁鵲剛走進殿門口，抬頭看了桓公一眼，回身往外便走。朝堂上眾人都覺得奇怪，桓公急忙派人去問是什麼緣故。扁鵲對來人說：「病在皮膚層的時候，用藥湯敷貼就可以治好；在肌肉層時，用針灸可以治療它；等它到了腸胃中時，可以用湯藥驅除它；而等它進入骨髓中時，那除了死神，誰都拿它沒辦法了。現在你們國君的病已深入骨髓，所以我什麼話也不用說了。」去問話的人回來稟報後，桓公也覺得這幾日身體略有不適，但還是認為扁鵲的話是危言聳聽，不放在心上。

五天後，蔡桓公遍體疼痛，臥床不起，派人去尋找扁鵲，才發現他早已到秦國去了。蔡桓公不久就死了。

知者不以言談教

【名言】

知者不以言談教，而慧者不以藏書篋。

——《喻老第二十一》

【要義】

知者，即「智者」，聰明人。篋（音ㄑㄧㄝˋ），小箱子。意思是說：有智慧的人不用空言說教，聰明的人用不著把書藏在箱子裡。

《老子》說：「學不學，復歸眾人之所過也。」意思是說，把不學習作為學習，就重新走上眾人認為錯誤的道路上了。真正學習的人，是以平常人想不到的方法在學習著，並時時糾正著平常人以平常學習方法所習得的過錯。這樣的人讀書也好，藏書也好，能使之真正發揮作用，而不是流於形式。藏書本身不是壞事，問題在於你為什麼而藏書，是否能夠學以致用。學習的目的並不只是學習，學習只是手段，是為了致用。明白這個道理，才能脫離逞語言之利而無實學、只知藏書卻不懂得去以理論指導實踐的斜路。

【故事】

王壽是古時候一個有名的愛書人。他愛書成癖，達到了讓人不可理解的地步。古時的書，多是人工抄寫在竹片上，再以牛皮繩子編連起來的。他為了有抄書的材料，就在自家房前房後種滿了竹子，形成了一片竹林，並在門前的池塘裡種了許多蘆葦。他幾乎把所有的時間都用來借書、抄書、讀書。家裡一院小房，除了他住的地方外，已經全部堆滿了書。他每年不但要花許多時間把它們都搬出去晾曬一遍，免得蛀蟲噬咬，還要翻檢看看有沒有脫落的文字，及時補上。但王壽不辭辛苦，以苦為樂。他不娶妻，不生子，四十多年始終這樣生活，自己覺得很充實。

後來，母親去世了，王壽要到東周奔喪。他隨身帶了五種書，準備途中抽空看看。五種竹簡書，分量不輕。王壽已經不年輕了，結果沒走多遠，他就遍體流汗，兩腿打顫，累得上氣不接下氣，有些走不動了。他只好坐在路口休息，並隨手抽出一冊書來讀。這時有一位過路人，見了王壽這個樣子，就問他：「敢問這位可是王壽先生？」

王壽應是，並問對方是誰。那人說叫徐馮。

王壽知道這個人，他是東周的一名隱士。兩人都是久聞對方大名，卻未見過面。徐馮見他背這麼多書，累成這樣，馬上猜到他就是王壽。

知道王壽此行的目的，徐馮頓了一頓，說：「無用。」

王壽聽得一愣，呆呆地望著徐馮，不知他說的是什麼意思。

徐馮拱手作揖，笑笑說：「人們都是要做事情的，對吧？做事，就是人在表現著自己的行為方式。而人們的行為方式依據不同的時間、不同的環境而有所不同，如少年時、歡娛時，可以狂放一些；老成時、主持禮儀時，就應持重一些；國清時可以出而治；國濁時可以退而隱。所以聰明的人做事情不是一成不變的。而書呢，它是記載言論和思想的。言論和思想又由於人的勤奮思考而產生，所以聰明的人勤於思考和探索，卻並不藏許多書。我原知你是一個聰明人，為什麼不去思考問題，形成思想，卻要背著這累人的東西到處走呢？」

王壽聽了，如夢方醒，立刻三拜徐馮，當場燒了自己所帶的書，手舞足蹈，輕身去了東周。

智周遠而遺所近

【名言】

智周乎遠，則所遺在近也。

——《喻老第二十一》

【要義】

周，周遍、圍繞。遺，丟掉。《老子》上說：「其出彌遠者，其智彌少。」就是說，走得愈遠，知道得愈少。韓非子進而解釋說：人們智慧周全考慮得遠，結果就會丟掉近處的東西。所以聖人沒有固定不變的行為，能夠同時考慮遠近的事物，順應萬物的特徵和時機的變化去處理事情，從而獲得成功。

【故事】

趙襄子是晉國大臣，他的手下有個車夫叫王良，駕馭戰車的技術非常好，諸侯列國中沒有人能趕上他。

有一天，趙襄子閒來無事，突然想要跟王良學駕車。

王良見趙襄子態度誠懇地要拜自己為師，心裡是既高興又不安，他沉思良久，說道：「駕車也是一門學問，只有認認真真地學，才能學會。可是您身為晉國重臣，又是廣大的趙室封地之主，有那麼多事情要處理，不可能專下心來學。不能專下心來，我就教不好您。教不好，您勢必要問罪於我。我不知怎麼辦才好。」

襄子忙說：「我把國政、家政託付給我的兒子，然後專心跟你學駕馭之術。」王良這才答應。

襄子跟著王良學了三個月，確實學到了不少東西。

覺得自己已經學得差不多了，襄子就決定與王良進行一場賽車比賽，並許諾說，如果王良獲勝，就給予重賞。

一個天氣晴朗的日子裡，比賽在郊外舉行。許多同僚好友都來觀戰。

比賽共分三場。第一場，襄子本來一直一馬當先，把王良落在後面。大家都在為襄子吶喊加油。可是臨到終點的時候，王良的馬車仍然是原速前進，襄子的馬車卻不知為何降下了速度，結果輸了。眾人惋惜不已。

襄子雖然輸了第一場，卻並不氣餒。他深信自己只要發揮正常就沒問題，第二、三場都是可以勝過王良的。因為儘管說的是公平賽車，但自己的馬匹車輛當然都比王良的要好一些。

第二場比賽開始了。一開場，又是襄子領先，眾人於是又大聲喝采。但是賽程不到一半，王良就追了上來，很快就把襄子落在身後。之後又有一段時間襄子好像要追上了，眾人熱烈鼓掌助威，但他終於沒能超過。第二局又輸給了王良。

這樣，襄子就已輸了比賽，但他還是要求賽完第三局。他想：前兩局我關心勝負，心中

車馬坑

著慌，也許是輸掉比賽的原因。這一局我沒有什麼精神負擔，總該贏了吧。

結果，第三局出馬，二車並行，相持一段後，王良超出，此後一直居先，直到賽終。襄子輸得更慘。

賽後，襄子依言重賞了王良，並問道：「先生教我駕車，難道方法沒教完嗎？」

王良施了一禮，說：「方法已經教完了，只是您沒運用正確。」

襄子奇怪地問：「沒有運用正確，此話怎講？」

王良說：「駕車主要是讓馬和車協調。駕車人要一心想著馬，支配著馬，這樣才能跑得快，跑得遠。可是您卻不是這樣，當您落後時，您就想著我，想追上我；而當您在前時，您也想著我，怕我追上。賽車不是在先就是在後，您無論何時心都在我身上，怎麼去支配馬呢？所以您輸了。」

趙襄子大悟。

知之難，在自見

【名言】

知之難，不在見人，在自見。

——《喻老第二十一》

【要義】

人貴有自知之明。瞭解事物的困難，不在於看清別人，而在於看清自己。這段話是韓非子為闡明《老子》「自見之謂明」的論題而說的。正視自己的一切，包括優點和缺點，正確評價自己，就會客觀地面對其他事物，把事情做好。

【故事】

楚莊王想攻打越國。杜子聽說後，就去晉見莊王，問道：「大王想討伐越國，是因為什麼呢？」

楚莊王說：「這是個機會呀！越國近期剛剛被吳國打敗，又碰上大旱，糧食歉收，人心不穩，正是政亂兵弱的時候，這時候去攻打它，很容易成功。現在不去攻打它，等它度過了這個難關，就再難有這樣的機會了。」

杜子聽了以後，長嘆一聲說：「唉，人們認知事物，就像眼睛看東西一樣啊！」

楚莊王不知杜子是什麼意思，又覺得他話裡有話，忙說：「請先生指教。」

杜子沒接楚莊王的話，卻指著一百多步以外的一件東西問楚王：「那是什麼？」

楚莊王定睛看去，原來是殿前庭院中放著的一輛車子。杜子又問他：「能看得十分清楚嗎？」

楚莊王點點頭：「能！」

杜子又回過身，指著楚莊王的眼睛問：「可是，大王您能看清自己的睫毛嗎？」

楚莊王試了試，如實回答說：「不行。」

杜子於是說：「就是這樣了。人的眼睛看東西，能看清百步之外的東西，卻看不清就在自己眼珠前面的睫毛。人們認知事物，能認知遠處事物的本質，卻看不清自己身上的對錯。大王說越國政亂兵弱，那是沒錯。可是楚國呢？自城濮一戰後，楚師屢敗於秦晉，喪失國土數百里地，兵難道強嗎？楚國境內，大盜為非作歹，禍害百姓，可是當官的卻拿他們沒辦法，這難道不是政亂嗎？以政亂兵弱的楚國去攻打政亂兵弱的越國，勝負的可能各居其半，這怎麼能說是個機會呢？況且無緣無故地攻打別國，在諸侯之中立下壞名聲，今後什麼事情都不好辦了，這難道是什麼好事嗎？」

楚莊王聽後，沉思良久，說：「你說得沒錯。」於是，就放棄了攻打越國的念頭。

志之難，在自勝

【名言】

志之難也，不在勝人，在自勝也。

——《喻老第二十一》

【要義】

立志的困難，不在於勝過別人，而在於戰勝自己。韓非子這句話是為解釋《老子》「自勝之謂強」的立論而說的。勝人者力，勝己者強，關鍵是如何克服自身的弱點。只有首先克服了自己的侷限，戰勝自我，才能具備戰勝別人的條件，進而戰勝別人。這個道理並不難理解，但做起來卻不是件容易的事。

【故事】

有一天，曾子在街上遇見在朝做官的師弟子夏。師兄弟多時未見，偶然相遇，自然是異常親熱。

曾子笑道：「咦，多日不見，你比以前胖多了。這一陣子都吃什麼好東西了？」

子夏也笑著回答師兄：「哪裡吃什麼好東西了，我這胖啊，是因為我終於戰勝了的緣故。」

「戰勝了？」曾子挺納悶，與這位師弟同門讀書多年，自己深知他為人謙遜平和，很重感情，從來沒聽說他與人有爭鬥之事，這到底是怎麼回事呢？

子夏見曾子滿臉疑惑的樣子，知道他誤會了，就說：「可不是戰勝了？自己戰勝自己了。」

曾子還是不明白。

「是這樣，」子夏進一步解釋道，「我每次進朝，見到朝堂上先王題寫的匾牌，看到朝堂上進退有致的肅雅禮儀，想到老師平日的諄諄教誨，總覺得學習古代聖賢的真理，這是極好的東西。而當我走出朝堂回家的時候，看到街邊有的房舍破落倒敗，而有的富麗堂皇。那些紅瓦朱牆的深宅大院裡，不時飄出陣陣酒菜之香，傳來聲聲美樂歡歌，就想，生活在這樣的

家庭裡該是多麼快樂啊！這時候，我就又認為榮華富貴是最好的東西了。每天入朝與出朝：這兩種思想在我心中做著激烈的戰鬥，折磨著我的靈魂和肉體。所以以前你見我時，我才會是那個樣子。」

曾子聽出了深意，有點入神，不覺問道：「什麼樣子？」

子夏一笑：「瘦瘦的樣子呀！」

曾子不由問道：「那後來怎麼胖了？」

子夏面容平靜，嚴肅地說：「後來我想，這兩樣事物都可以使我得到幸福。而我現在從前者追求幸福，已有一定的基礎；從後者追求幸福，卻缺乏應有的技巧和手段。何況前者也許可以帶來後者，而後者卻無法帶來前者。前者有美名而無凶險，後者常因不擇手段而導致家破身亡。所以我已毅然丟棄後者，而一心追求前者了。這樣，我這瘦弱的身軀就不再成為思想的戰場，不再成為被蹂躪的土地，豈有不能肥沃之理？所以我就日漸胖了起來。說起來，這也是前者帶給我的第一樁幸福呢！」

曾子從子夏的話中已經悟到了很多東西。他向師弟深施一禮，道別過後，若有所思地走了。

老馬識途

【名言】

以管仲之聖而隰朋之智，至其所不知，不難師於老馬與蟻。

——《說林上第二十二》

【要義】

管仲，春秋時齊桓公的國相。隰朋，齊桓公的左相。管仲和隰朋都是古代齊國的將相之才、智慧之士；當他們碰到難題時，能夠從老馬和山蟻的習性中得到有益啟發，從而擺脫困境，轉危為安。由此可見，一個人的聰明才智固然重要，而具備豐富的閱歷和經驗更為可貴。成語「老馬識途」典出於此。

【故事】

齊桓公討伐孤竹國，是在春天報春花剛剛盛開的時候出征的，傾城的人們都去為他們送行。而孤竹國地僻路遙，大隊人馬經過無人居住的荒山和大森林，既要行軍打仗，還要長途運輸糧草供給。孤竹雖是個小國，但民風兇悍好鬥，他們憑藉險峻的地形，頑強防守，與齊軍相持了將近一年的時間。幸虧桓公有充分的準備，親自和管仲、隰朋統領三軍精銳，帶了充足的糧草，從春天苦戰到冬天，才最終征服了他們。

冬天十分寒冷，班師回朝也不是件容易的事。從孤竹動身之後，他們來到了一片大森林。森林裡岔路很多，而且都很相似，他們不久就迷路了。春天進軍時，曾有位當地的老獵戶為他們帶路，但老獵戶不幸於秋天病死了。如今已是冬天，森林中的景物和春天已有很大的不同，他們誰也認不出回去的路了。桓公急得直跺腳，只好把大將們都召集起來進行商議，但誰也拿不定該走哪條路。最後，管仲說：「我聽說老馬能認識路，我們現在不妨試一試。」

於是，他們放開一匹老馬，不加約束，讓牠自己走，而部隊遠遠地跟在牠後面。走了很久，終於走出了森林，找到了他們認識的道路。

又過了幾天，他們來到了一片無人居住的荒山，遇到了另一個難題：缺水。春天時雨水較多，山谷裡還有水；但現在是冬天，氣候乾燥，怎麼也找不到水了。桓公派出幾隊人馬，往各個方向去找水，但他們走了很遠的路程，還是沒有找到水。桓公只好再次召集眾將：要大家出謀劃策。

隰朋說：「有本古書上記載，螞蟻夏天住在山的北面，冬天住在山的南面，如果螞蟻洞口的土有一寸高，那麼下面八尺處的地方就有水。不知是否真的如此？」其他人已經想不出更好的主意，於是桓公命令士兵們都到山的北面去找螞蟻窩，找到了就往下面鑿井，果然挖到了水。

後來，又經過了不少磨難，歷時一月，齊軍終於回到了自己的國都。

學習是十分重要的。無論聰明人，還是普通的人，向有知識的人、書本、生活學習，才能克服困難，走出困境。一個聰明人，其聰明之處，就是善於學習。

巧詐不如拙誠

【名言】

巧詐不如拙誠。

——《說林上第二十二》

【要義】

智巧、詐偽比不上笨拙、誠實。老老實實做人，認認真真做事，誠信為做人第一要務。誠實守信凸顯了一個人的人格，精誠所至，金石為開。社會宣導誠信，人們真誠守信，就能建立起人與人之間的信任關係，營造和諧友好的氛圍，營造一個有序的社會環境。

【故事】

自韓、趙、魏三家分晉以後，魏文侯就把攻伐的目標瞄準了中山國。這一天，他召集群臣開會說：「中山這個小國沒有向任何一國進貢，與中原各國聯繫也不密切，沒有人支持它，並且中山國君荒淫無道，殘害百姓，寡人決定攻打中山國，你們看誰做統帥合適呀？」

大臣翟（翟音ㄓㄞˊ）璜說：「我推薦樂羊擔任此職。」

魏文侯問道：「樂羊是什麼人？他怎麼可以當大將？」

翟璜說：「樂羊有一次在路上撿到一塊金子拿回了家，他妻子說，這金子來路不明，你撿回來辱沒了自己的清白。樂羊覺得很對，就把金子放回了原處。後來樂羊去外地求學，一年之後返家。妻子正在織布，問他學成了沒有。樂羊說還沒有。妻子當即用刀割斷了織布機上的絲線。樂羊領悟到做任何事情不能半途而廢的道理，轉身便走，七年後學成了才回到家中。這樣一個人現在就閒居在我們魏國的谷邱，他不願做小官，而期望創一番大事業。我認為他任大將很合適。」

一位大臣站出來反對說：「樂羊原本是中山國的人，後來才投奔了我們魏國。他的兒子樂舒正在中山國做官。用樂羊做大將，他怎麼會盡心盡力地攻打中山國呢？」

翟璜馬上反駁說：「樂舒在中山做官不假，他曾寫信替中山國君聘請過樂羊，許下了一

個高位，但樂羊不願為昏君效力，還勸說兒子離開中山國。現在委派樂羊為將，討伐昏君，正符合他的志向，他怎麼會不盡心盡力呢？」

魏文侯覺得翟璜的話有道理，派人請來了樂羊。

一見面，魏文侯就開誠佈公地對樂羊說：「寡人打算任你為將，討伐中山國，可是你的兒子在那裡做官，這是不是讓你感到為難呢？」

樂羊說：「國事、家事要分開，大丈夫為國家建功立業，豈能徇私情？我要是滅不了中山國，甘願受軍法處治。」

魏文侯聽後很高興，於是封樂羊為大將，西門豹為副將，率領五萬魏軍，浩浩蕩蕩，越過趙國去攻打中山國。

中山國君整天花天酒地，尋歡作樂，做夢也沒想到魏國軍隊會突然橫穿趙國，千里迢迢來攻打中山，而且勢不可擋，一直攻到了國都門口，忙召集大臣們商議。

中山國的大夫公孫焦獻計說：「國君別慌，我有一計，包教樂羊退兵。」

中山國君忙問是何妙計。

公孫焦不慌不忙地說：「魏將樂羊的兒子樂舒就在您的手下做官，讓他去勸說父親退兵，樂羊不會一點不顧念父子之情的。」

中山國君這才想起有樂舒這個人，忙派人找來了樂舒，讓他去勸樂羊退兵。樂舒深知父親的為人，他苦著臉對中山國君說：「您過去不是備過厚禮，讓我請父親來中山做官嗎？但他不但不肯，還責罵了我一頓。現在他已是魏國的大將，我們各為其主，他怎麼會答應我的要求呢？」

中山國君聽了這話板起了面孔，說：「既然各為其主，你為什麼不聽我的命令？快去勸說你父親退兵，如若成功，我封一個城邑給你，不然的話，當心你的身家性命！」

樂舒被刀槍逼著，戰戰兢兢地爬上了城樓，請父親出陣見面。

樂羊披甲戴盔，氣宇軒昂地來到城下，見兒子站在城頭，心裡已明白是怎麼回事了。他厲聲責罵樂舒道：「你這個沒出息的小子，不聽我多次的勸告，只知道貪圖榮華富貴，你要明白，正直的人是不會投靠腐敗的朝廷的，不會替昏君做爪牙的，你現在只有快快規勸昏君投降，我們父子還有見面的那一天，否則，我就殺了你。」

「投降不投降，在於國君，孩兒我做不了主。」樂舒帶著哭腔說：「求父親暫緩攻城，讓我去跟國君說說。」

「好吧，給你們一個月的期限，讓你們君臣好好商量商量，早日投降。」樂羊隨即下令把中山國都團團圍住，暫不攻打。

中山國君滿以為樂羊心疼兒子，不會攻城了，他又仗著中山城牆堅固，城內糧草充足，不打算投降，仍天天在宮中吃喝玩樂。

轉眼之間，一個月的限期到了。樂羊不見降書，又要再次攻城。中山國君又急忙派樂舒去求情，樂羊又寬限一個月。就這樣，一連寬限了三個月，樂羊還是駐守城下，按兵不動。

這時樂羊手下的一些將領沉不住氣了，猜疑的議論四處傳播。魏國朝廷上下更是怨聲鼎沸，許多官吏大臣們本來就對樂羊平步青雲、從平民一下子躍為大將心懷妒忌，忿忿不平，現在便紛紛向魏文侯上奏章，攻擊、詆毀樂羊。有的說他巧詐徇私，有的說他裡通外國，有的攻擊他有反叛之心……

魏文侯並不理睬這些，他把攻擊樂羊的奏章書簡略略看過，統統收了起來。他不斷派使者去慰問樂羊，還替樂羊在國內蓋了豪宅，準備他凱旋歸國後居住，卻從不過問他的軍事安排。

時間一天天過去了，樂羊仍按兵不動。

這天，期限又到了。樂羊一聲令下，號角齊鳴，戰鼓震天，殺聲遍野。魏軍養精蓄銳，個個摩拳擦掌，早已憋足了氣力。樂羊一手持盾，一手揮戈，衝殺在前。全軍將士見主將身先士卒，不怕危險，便人人奮勇，個個爭先，眼看中山城守不住了。

中山國君見魏軍真的發起了攻擊，嚇得渾身顫抖，不知如何是好。公孫焦又給他出了個主意：「把樂舒綁吊到高竿上去，如果樂羊不退兵就殺了他兒子，樂羊必定會暫緩攻城。」

中山國君依計，把樂舒捆綁起來，高高地挑在城頭的竹竿上，然後親自趴在城頭對樂羊喊話，讓樂羊在攻城和救兒子上選擇一條。

樂舒嚇傻了，吊在高竿上大哭大叫：「父親救命啊！父親救命啊！」

樂羊氣得雙目圓瞪，痛罵兒子：「你這個不肖的東西，既不能勸說昏君改邪歸正，趕緊投降，又不能謀劃奇策，幫你的國家保住城池，現在卻像個吃奶的孩子那樣哀號，乞求可憐，還不如死了算了！」說完就要搭弓抽箭射死樂舒。

公孫焦忙叫人把樂舒放下來，對中山國君說：「我們要是把樂舒殺了，做成肉羹給樂羊送去，他必定萬分傷心，趁他悲痛哀哭無心指揮打仗時，我們派一支軍隊衝殺出城，或許能夠反敗為勝。」中山國君此時已是六神無主，連聲說好。

中山國君派人將樂舒的人頭和一罐肉羹送到了樂羊的面前，使者還對樂羊說：「小將軍在城裡還有妻子兒女，如果繼續攻城，將一齊誅殺。」

樂羊這時反倒鎮定自若，他對著肉羹說：「你一心侍奉無道昏君，是自己找死。」說罷將肉羹喝了下去，又對使者說：「我們軍中也有大鍋，回去告訴你們的國君，開城那天等著煮他，我還要再喝他的肉羹。」樂羊將盛肉羹的罐子往地上一摔，命令魏軍將士加緊攻城。

將士們見主將為國捨子，個個義憤填膺，吶喊著蜂擁而上，勢如破竹。對方潰不成軍，不一會兒，城門破了。中山國君見大勢已去，只好懸樑自盡。公孫焦被擒，樂羊歷數了他的種種罪行，把他殺了。

樂羊得勝回朝，魏文侯親自出城迎接。樂羊獻上了中山國的地圖和繳獲的大量財寶，大臣們紛紛向樂羊表示祝賀和欽佩。魏文侯在宮中擺下了豐盛的宴席，為樂羊慶功。樂羊心裡喜孜孜的，他接過魏文侯親手斟上的美酒，一飲而盡，臉上滿是得意之色。他認為自己為魏國立下了汗馬功勞，受到國君的如此優待，理所應當。

宴席散了，群臣們都退去了，魏文侯令人抬出一只沉甸甸的大箱子，微笑著對樂羊說：「將軍請留步，寡人還有一件東西要送給將軍。」

樂羊望著這只封得好好的大箱子，猜想著裡面不是金銀，就是珠寶，國君一定怕別人見了嫉妒，才加著封條賞給我。他高高興興地謝過魏文侯，讓人抬著回家去。

打開箱子一看，樂羊傻了眼，哪有什麼金玉珠寶，都是些木牘竹簡。他隨手拿起一本，漫不經心地看了幾眼。不看不知道，一看嚇一跳，原來這一大箱滿滿當當裝的都是彈劾他的奏章。樂羊一本一本讀下去，只看得渾身打顫，滿面冷汗，他萬萬沒有想到朝中有這麼多人誹謗他。他感慨不已地對自己說：「樂羊呀樂羊，要不是國君對你如此推心置腹，深信不疑，你再有幾個腦袋怕也丟光了。」

第二天，樂羊上朝謝恩，魏文侯要厚賞他，他再三推辭說：「全靠國君的信任和支持，我才能打下中山國，我沒有什麼功勞可說。」對魏文侯的知遇之恩，樂羊是從心裡感激不已。

而魏文侯從此卻對樂羊一直很冷落，不再信任他了。有人不理解，問魏文侯：「樂羊為大王立了這樣大的功勞，您為何如此疏遠他呢？」

魏文侯搖搖頭說：「一個為了向上爬而背叛一切的人，他連自己的故國、自己的兒子都毫不顧惜，除了自己，他還會對誰忠誠呢？我怎麼可以去親近、信任這樣一個危險的人呢？我只能賞賜他的功勞，卻不能相信他的忠心。」

是啊，樂羊背叛了自己的國家，連兒子的性命也不顧，不惜用兒子的生命和故國的利益來換取自己的利祿，這樣的人怎麼能靠得住呢？

聖人見微以知著

【名言】

聖人見微以知著，見端以知末，故（箕子）見象箸而怖，知天下不足也。

——《說林上第二十二》

【要義】

聰明的人藉由事物微小的徵兆就能預知將來可能發生的結果。由小見大，由微知著，才能瞭解事物的本質。箕子透過商紂王所用的象牙筷子，便預見商朝亡國的可能性，可謂明察。

【故事】

商紂王小時候聰明伶俐，反應靈敏，而且武功很好，能空手與猛虎搏鬥。可是即位以後，不思進取，只圖滿足個人感官的欲望，慢慢變得荒淫無恥，終於失了殷的天下。商紂王有幾個叔父，比干、箕子、微子都是有名的賢臣，常向商紂王進諫，可惜商紂王不聽他們的話，最後甚至剖了比干，趕走微子，逼瘋箕子。其實事情的發展都有一個過程，變好變壞也不是一朝一夕、一下子就發生的。

商紂王剛繼承王位的時候，衣著儉樸，大家都還認為他是個明主。有天，在朝堂上議事完畢後，紂王忽然拿出自己請人製作的象牙筷子，請大臣們觀看。大臣們看後，都覺得做得精緻大方，雕花鏤雲，頗為美觀。但箕子見了這雙筷子，卻像見了鬼一樣，嚇得半晌說不出話來。眾人問他怎麼回事，他驚恐地什麼話也說不出來，弄得大家十分疑惑。

退朝以後，有些要好的大臣去拜訪箕子，他在朝堂上見到一雙象牙筷子，就嚇成那樣，到底是怎麼回事。箕子這才說了出來，他說：「我是擔心紂王變壞呀！」

大臣們感到很驚訝，堂堂國王，做一雙象牙筷子，雖然不算什麼好事，但也不是什麼大事，怎麼就嚇成那樣呢？

箕子說：「諸位想想看，這樣好的筷子，紂王肯定不會把它放在土製碗罐上，那會顯得

太難看，太委屈這玉筷了。它應該配上一些玉製的碗碟才顯得好看些。有了玉筷、玉碗、玉碟、玉杯之後，又吃些什麼呢？再用這些精美的器具盛些豆角豆葉之類來吃，恐怕紂王也不太樂意了。他必然要在這樣的碗碟裡裝上旄牛、大象、金錢豹的胎來吃才有滋味。而玉碗、玉碟裡裝著象胎豹胎，他肯定又不願意穿著粗布短衣，站在這茅屋棚下吃它，這結果就是要費時織衣，費人蓋房，而錦衣廣廈了。長久下去，人們會對他不滿而加以斥罵。而為了鎮壓這種不滿，他就必然要變得殘暴。那時候，你我還能站在這裡嗎？」

這些大臣聽了，都哈哈大笑，不以為然。就連幾個平時比較賢明的，也都認為箕子多慮了。箕子沒說什麼，搖搖頭，嘆了口氣。

果然，過了幾年，紂王就建了肉林，懸肉其中，旁邊設上炮烙。什麼時候想吃了，就從肉林中取點肉，放在炮烙上烙熟吃掉。還建了一座很大的池子，其中蓄滿美酒，何時想喝，臨池即可長飲。群臣諫議，剛開始時他還仗著自己的伶牙俐齒巧行辯解，文過飾非，漸漸地他煩了，就大加刑戮。弄得人心思散，眾臣歸周。

有一回紂王進行通宵達旦的宴飲，興奮異常，忘記了日子。問左右的人，左右的人也不知道，於是派人問箕子。箕子對手下的人說：「作為一國之君，弄得一個國家都分不清天日，國家也就危險了！整個國家都分不清今天是什麼日子，而只有我一個人知道，我大概也就很危險了。」就裝醉推辭，也說不知道。

大臣比干多次直諫，紂王愈聽愈不耐煩，最後勃然大怒，對他說：「我聽說賢臣的心有七竅，讓我看看你的有幾竅。」竟命令侍衛將比干開腸破肚，活生生解剖了。微子聽說後，帶領三師逃跑了。箕子趕緊佯狂為奴，但卻沒有逃脫被抓的命運。

由於紂王荒淫無道，他最終被武王逼上了鹿台，失了商朝的江山。而這一切，箕子早從一雙玉筷上就看出來了。

以人言善我必以人言罪我

【名言】

夫以人言善我，必以人言罪我。

——《說林上第二十二》

【要義】

這句話的大意是：因為別人的話而對我友好，也一定會因為別人的話而加罪於我。事物總有其兩面性，在得到好的一面的同時，也要預備著壞的一面隨之而來。一分為二地看問題，洞悉事物的這種兩面性，對於一個人的成長是非常重要的。

【故事】

春秋時期，有一位名士叫魯丹，他學識淵博，曾周遊天下，歷覽風物，增長了自己的閱歷和才能。

有一天，魯丹來到了中山國。他看到中山地處北方，物產豐饒，民風淳樸，但中山國國君卻不思進取，整天只知道與一幫寵臣愛妾飲酒作樂，不理朝政，便決定留下來，想透過自己的努力，說服中山國君，改變中山國的面貌。

魯丹馬上求見中山國君，施禮道：「大王想讓您的國家強大起來嗎？」

中山國君聞聽大喜，馬上說：「當然，當然。先生有何見教嗎？」

魯丹就向他講解帝王之道，讓他修德養性，以身率民，罷歌舞，親賢臣，深入民間察疾問苦等等。魯丹正講得眉飛色舞，中山國君打個哈欠站起來說：「寡人累了，先生請等以後再講吧！」魯丹就沮喪地退了出來。

又過了幾天，魯丹又去晉見中山國君。中山國君早已沒了興致，但還是硬著頭皮聽了下去。魯丹便大講霸主之術，要他富民強兵、請賢任能等等。講到一半，他發現中山國君早已鼾聲大作，只好再次垂頭喪氣地退了出來。

第三次晉見，魯丹開門見山，一針見血地指出：「中山地處北國，與中原相距遙遠，卻

距離趙國很近。趙國開疆拓土，必然打算先侵吞距它很近的中山國。但中山國與中原各國向無來往，關係冷淡，趙若侵犯中山，中山難以向中原他國求救。因此中山早晚會被趙國所侵吞，大王還不想早做打算？」

中山國君嚇了一跳，這也正是他酒醒人靜時十分擔憂的事情，便馬上斂容坐下，想聽聽魯丹有何良策。但魯丹講了不久，中山國君聽著聽著又不耐煩了。魯丹見狀，不覺長嘆一聲。中山國君馬上說：「先生累了，先回去，改天再講吧。」

魯丹回去以後，長吁短嘆，恨自己的志向不能實現。他的車夫建議說：「先生要在中山做官，為什麼不求人通融，而總是自己貿然求見呢？直接求見不行，早就該換種方法了，怎麼卻還要一味堅持呢？」

魯丹認為他說得對，於是就拿了五十兩黃金，暗地裡求見了中山國君左右的一些寵臣，分別奉給他們，求他們向中山國君舉薦自己。那些人見了金子，眉開眼笑地答應了。

不久，魯丹再次求見中山國君。進殿坐下，還沒有說話，中山國君就熱情地吩咐：「魯丹先生是世之賢人，今至吾國，必當重用。先賜酒筵。」大擺筵席款待魯丹，並準備任魯丹以相國之職，委以國政。

魯丹出來後，坐上馬車，連住的地方也不敢回了，吩咐車夫立即駕車逃出中山。車夫感到很奇怪，問他：「我們等了這麼長時間，好不容易等到中山國君對我們好些了，怎麼卻要立刻就走？」

魯丹說：「中山國君這個人隨意性太強了，他既然肯聽別人的話對我好，也就會聽別人的話而害我的。快走！」於是快馬連夜出逃。

果然，魯丹尚未出中山之境，原來的相國因怕中山國君任用魯丹後奪了自己的大權，向中山國君進讒說魯丹是趙國派來的奸細。中山國君便馬上派人去抓魯丹，才得知早已跑了。

鏡無見疵之罪

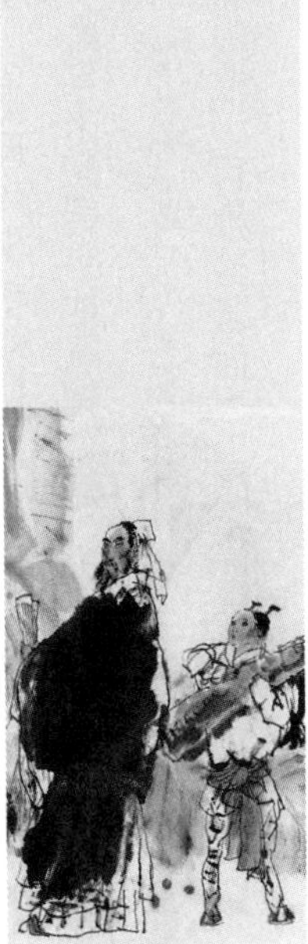

【名言】

古之人目短於自見，故以鏡觀面；智短於自知，故以道正己。故鏡無見疵之罪，道無明過之怨。目失鏡，則無以正鬚眉；身失道，則無以知迷惑。

——《觀行第二十四》

【要義】

《觀行》著重闡述要善於觀察自己與他人的行為。眼睛的短處在於不能看見自己，因此人們用鏡子來觀察面容；智慧的短處在於不能瞭解自己，因此人們用客觀準則（即法術）來端正自己。沒有照出毛病，不能歸罪於鏡子；沒有發現過失，同樣不能歸咎於準則。

眼睛離開了鏡子，就無法修正鬚眉；修身失去了原則，就無法分清是非。人們只有順應客觀實際，不斷地修正自己，才能找到成功的法則。

【故事】

唐朝一天天變得強大起來，唐太宗逐漸產生了鬆懈的思想，可是他自己還沒有感覺到。有一次，他和大臣們一起談論國家安危的道理，大臣溫彥博說：「希望您像貞觀初年那樣用心治理國家，天下就會更加太平了。」

唐太宗聽後吃了一驚，忙問：「我近來處理政事難道有所鬆懈嗎？」

魏徵接上話，說：「貞觀初年的時候，您很注意節儉，能夠虛心聽取大臣們的勸諫。可是近年來，您下令修建的宮室比過去多了；大臣們進諫，您也不那麼樂意聽了。這就是不如貞觀初年的地方啊！」

唐太宗這才猛省過來，誠懇地說：「你們說得對，今後我一定改過！」

第二天，魏徵又上了一道奏章，把唐太宗處理政事不如從前的地方一條條都列舉了出來，一共舉了十條。其中有一條這樣說：「近年來您輕易地調集百姓，修築宮室，還說『百姓要是沒事做，就容易遊手好閒鬧出事來，派給他們工作做就容易治理了』。這話毫無道理。自古以來，還沒聽說過因為百姓安樂而失敗，百姓勞苦而太平的哩！」

太宗看了這道奏章，認為條條都說得有理，他立即寫了封短信給魏徵：「我要把您的奏章貼在屏風上，以便早晨晚上都能看得見，提醒我改正錯誤。我還要另外抄寫一份交給史官，把它記入史冊，讓後人都知道這些道理。」

貞觀十七年（六四三年），六十三歲的魏徵生了重病。唐太宗不斷派人帶著藥物去探視他的病情。這一天，唐太宗聽說魏徵病危，急忙領著皇太子，親自到他家裡去看望。魏徵想掙扎著坐起身來，唐太宗輕輕按住他，問：「您感覺怎麼樣了？」

魏徵在枕頭上搖了搖頭。唐太宗心裡一酸，禁不住流下了兩行熱淚。他擦乾了眼淚，問魏徵：「您還有什麼話要說嗎？」魏徵的聲音已經十分微弱：「我最擔心的就是國家的危亡啊！如今國家昌盛，天下安定，希望您在太平的時候時刻想到可能出現的危險局面啊！」唐太宗邊聽邊點頭，表示一定牢記這個道理。

幾天以後，魏徵與世長辭了。唐太宗非常悲痛，下令五天以內停止上朝，朝廷上下都要舉行哀悼，還決定把魏徵埋葬在唐高祖的陵墓附近。出殯的時候，朝廷百官都去送葬，一直送到長安郊外。唐太宗還親自寫了碑文，記述魏徵的生平和功業。

魏徵死後，唐太宗一直思念著他。有一次，唐太宗在朝堂上對臣子們說：「用銅做鏡子，可以整理衣帽；用歷史做鏡子，可以知道興亡的道理；用人做鏡子，可以明白自己的得失。我常常拿這三面鏡子來糾正自己的過失。如今魏徵去世了，我失去了一面鏡子啊！」

成功必得人助

【名言】

雖有堯之智而無眾人之助，大功不立；有烏獲之勁而不得人助，不能自舉；有賁、育之強而無法術，不得長勝。

——《觀行第二十四》

【要義】

堯，上古帝王名，傳說中的賢君。烏獲，人名，戰國時秦國大力士。賁、育，戰國時的勇士孟賁和夏育。韓非子說：「天下有信數三：一曰智有所不能立，二曰力有所不能舉，三曰強有所不能勝。」即使有唐堯的智慧，但如果沒有眾人的輔佐，大功也建立不起來。有烏獲的力氣，但如果得不到別人的幫助，也不可能把自己舉起來；有孟賁、夏

育的勇猛，但沒有法術作為保障，仍不能總是取勝。唐堯、烏獲和孟賁、夏育的事例，就是為了分別說明這個道理的。既然人的智慧和才能各有其侷限，英明的君主就應知道自己的長處和短處，善於使用人才，以他人之長補自身之不足。

【故事】

漢高祖劉邦擊敗西楚霸王項羽，奪取了天下。他在洛陽南宮擺下盛大的慶功宴，與開國諸元勳同樂。

酒過三巡，劉邦開口說道：「諸位將軍、列侯，請暢所欲言，說說我為什麼會得到天下，項羽又為什麼會失掉天下呢？」

將軍高起、王陵站起來說：「陛下您派人攻城掠地，攻取後便就地賜贈給他們，您和天下人同享這一勝利。項羽就恰好相反，有功勞的受到嫉妒，有才能的受到懷疑，這就是他失掉天下的原因。」

劉邦聽了哈哈大笑，說：「此話不假。但是你們只知其一，不知其二。運籌帷幄之中，決勝千里之外，我不如謀臣張良；治理國家，安撫人民，接濟軍餉，我不如丞相蕭何；統領百萬大軍，戰必勝，攻必取，我不如大將韓信。這三位都是傑出的人才，我能夠任用他們，這就是我獲得天下的原因。項羽只有一個謀臣范增，卻被我施離間計，終於使他丟官被貶，這就是項羽失去天下的原因。」一群臣聽了，無不心悅誠服。

劉邦把知賢用賢作為自己得天下最重要的原因，可謂有自知之明。他曾經承認，若論勇敢、仁愛，他並比不上項羽。可是，他能夠大膽起用各方面的人才，特別是招攬和重用項羽麾下卓有才幹而不受重用的人才，這就壯大了自己的力量，削弱了項羽的力量。

西楚霸王項羽本來是個勇猛而仁慈的英雄好漢，他在戰場上縱橫馳騁，叱吒風雲，成千上萬的敵軍也被他嚇得聞風喪膽。不過，他不能知人善任，像陳平、韓信這樣有才幹的人都因為長期得不到重用而轉投劉邦，因此，他稱不上帥才，只不過是「匹夫之勇」而已。

項羽平時為人並不粗暴，據韓信說，他見了人常顯得恭敬慈愛，說起話來溫和柔順，部下有病，他常常含著眼淚送來好吃的東西。可是，每逢論功拔擢之時，他卻捨不得起用下屬，連官印上的稜角都摩挲得滑溜溜的了，也不願賜封給部下。因此，他對部下的關懷，只是「婦人之仁」。部下對他只會感激一時，卻不會報恩長久，一旦不能施展自己的才幹，仍會不辭而別，另尋新主。霸王因其「匹夫之勇」和「婦人之仁」，最終眾叛親離，自刎烏江。劉邦卻因其廣攬賢能，知人善任，終於彌補了自己的缺陷，改變了敵我雙方的力量對比，從項羽手中奪取了天下。

善用人者循天順人明賞罰

【名言】

古之善用人者，必循天順人而明賞罰。循天則用力寡而功立，順人則刑罰省而令行。

——《用人第二十七》

【要義】

韓非的用人觀，重點在於「明法」，強調賞罰分明。善於用人者，首先在於「循天」。「循天」，無非是自然之道；用之於治國，則是君主之道。這就要善於乘勢而「用法」，使臣下盡忠效力，表現出實際才能，這是根本，也是韓非所有述說的歸宿與前提。所謂「順人」，就是所設賞罰要順應人情。賞，就要讓人覺得既值得又能夠得到。目標定得過高，人人都將喪失積極性；要求過於難了，人人都有畏懼之心。罰，就要讓人覺得應該避免，也能夠避免。罰不可避，人人將望之卻步；有可避之罰，人人樂於聽命。這樣，才能令行禁止，人人樂於遵章行事。

【故事】

齊威王當霸主時，西方的秦國在政治、經濟、文化各方面都比較落後，中原各國都瞧不起它，很少跟它來往，還不時派兵侵奪它的土地。

周顯王八年（前三六一年），秦孝公即位。他感到秦國外受強鄰的欺壓，內有貴族的專橫，日子很不好過，決心奮發圖強，改變國家落後的面貌。為了尋求改革的賢才，就下了一道命令：「不管是本國人，還是外國人，誰有好辦法使秦國富強起來，就封他做大官，賞給他土地。」不久，一個叫衛鞅的年輕人應徵從魏國來到秦國。

衛鞅姓公孫，名鞅，原是衛國的一個沒落貴族，所以大家管他叫衛鞅。他看衛國弱小，不足以施展自己的才華，就跑到魏國。在魏國當了好長時間的門客，也沒受重用。正在鬱鬱不得志的時候，忽然聽到秦孝公招聘人才，他決心離開魏國到秦國去。

衛鞅到了秦國，託人介紹，見到了秦孝公。衛鞅把他的一套富國強兵的道理和辦法向孝公講了一遍，他說：「一個國家要富強起來，就必須重視農業生產。這樣，老百姓有吃有

穿，軍隊才有充足的糧草；要訓練好軍隊，做到兵強馬壯；還要賞罰分明，對種地收成多的農民和英勇善戰的將士都要鼓勵和獎賞，對那些不好好生產、打仗怕死的人，要加以懲罰。真能做到這樣，國家沒有不富強的。」孝公聽得津津有味，連飯都忘了吃。兩個人議論國家大事，談了好幾天，十分投機。最後，秦孝公決定改革舊的制度，實行變法，推行衛鞅提出的新法令。

消息一傳開，貴族大臣們都一起反對。但秦孝公力排眾議，授予衛鞅推行新法令的大權，全力支持衛鞅施行改革方案。周顯王十三年（前三五六年），衛鞅的新法令公佈了。新的法令剛剛開始推行，就遇到很大的阻力。那些貴族宗室不去打仗立功，就不能做官受爵，只能享受平民待遇，失去了過去的許多特權；實行連坐法以後，他們也不能為所欲為了。

因此，貴族們都瘋狂地攻擊新的法令。在保守勢力的唆使下，就連太子也公然站出來反對。衛鞅把反對新法的甘龍等人罷了官，可是，太子是國君的繼承人，不便處分，衛鞅便去找秦孝公，對他說：「新法令所以推行不開，主要是上頭有人反對。」

秦孝公說：「誰反對，就懲辦誰。」衛鞅把太子反對、故意犯法的事一說，秦孝公既生氣又為難，沒有言語。衛鞅說：「太子當然不能治罪，但是新法令如果可以隨便違犯，今後就更不能推行了。」秦孝公問：「那怎麼辦呢？」衛鞅說：「太子犯法，都是他的老師唆使

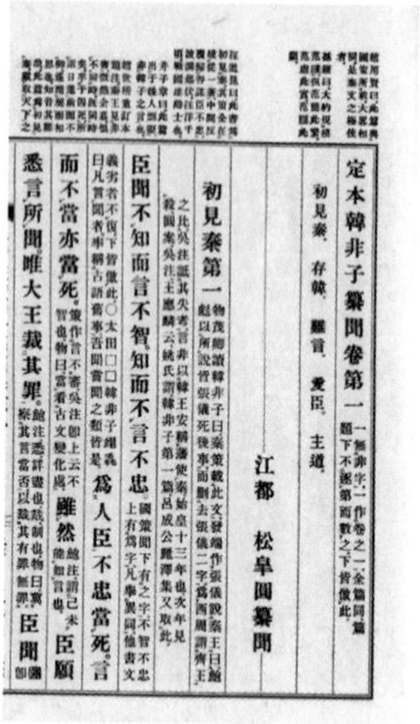

的，應該懲治他們。」秦孝公表示同意。於是，太子的老師公子虔就被割掉了鼻子，公孫賈被刺了面。眾人看到秦孝公和衛鞅這樣堅決，都不敢反對新法令了。

幾年以後，秦國變得強盛起來。由於新法令規定增產多的可以免除一家的勞役，老百姓都一心務農，積極種田織布，生產得到很大發展，人民的生活也有所改善，老百姓都很高興；由於新法令規定了將士殺敵立功的可以升官晉級，所以將士都英勇作戰，秦軍的戰鬥力得以大大提高。秦孝公見衛鞅制訂的新法令成效顯著，就提升他為大良造，並且派他帶兵去攻打魏國。

隨著秦國的日漸強大，原來十分強盛的魏國這時候已經相對衰弱下來，根本不是秦國的對手，連都城安邑也被秦軍攻佔了。魏國只得向秦國求和。

衛鞅凱旋而歸，接著，在國內又進一步推行新法令，主要內容有：把國都從雍城（今陝西鳳翔）遷到東邊的成陽，以便於向中原發展；把全國分成三十一個縣，由中央直接委派縣令、縣丞去進行治理，不稱職的縣官治罪；廢除「井田」制度，鼓勵開荒，誰開歸誰，允許自由的買賣土地；統一度量衡等。新法令實行了十年以後，秦國變成了當時最富強的國家。周天王派人向秦孝公送來禮物，封他為「方伯」，中原各國都紛紛前來祝賀，對這個新興的強國都另眼相看了。

秦孝公十分歡喜，把商、於一帶十五座城鎮封給了衛鞅，表示酬謝。從此以後，人們就把衛鞅稱做商鞅了。

過了幾年，秦孝公病死了，太子即位，是為秦惠文王。惠文王以前反對商鞅的新法令，商鞅給他定了罪，給他的老師判了刑，所以他一直懷恨在心。他一當國君，那些過去反對商鞅變法的舊勢力又得勢了。他們捏造罪名，說商鞅陰謀造反，惠文王就把他抓起來處死了。

商鞅雖然死了，可是他推行的新法令已經在秦國紮下了根，再也無法改變了。他的變法為後來秦國統一中原打下了堅實的基礎。

孤掌難鳴

【名言】

人主之患在莫之應，故曰「一手獨拍，雖疾無聲」。

——《功名第二十八》

【要義】

韓非認為，君主要立功成名，必須順天時，得人心，憑藉技能，據有勢位。他強調君主對臣下的支配關係，並且指出，君主必須得到臣下的支持與配合，才能借助於勢位而建立功名。沒有臣下的配合，就如同一隻手單獨來拍，雖然很快，但卻發不出聲音來。「孤掌難鳴」的成語典出於此。

【故事】

南朝宋明帝泰始七年（四七一年），北魏孝文帝拓拔宏當了皇帝。他剛五歲，由他的祖母馮太后抱著登了基。一轉眼過了十幾年，馮太后死了，二十四歲的孝文帝就親自掌權了。北魏太和十七年（四九三年），孝文帝召集文武百官開會，提出要討伐齊朝。大臣們愣了半天，誰也不說贊成，誰也不說反對，都低著頭不言語。

任城王拓拔澄是孝文帝的叔叔，在朝廷上很有威望。他想：「皇上還這麼年輕，可不能讓他冒冒失失地做這種沒把握的事。我是他的長輩，不能不說話。」於是他就站出來說：「陛下應該想想以前的情形，以史為鑑。當初苻堅南下，結果是他自己亡了國；我朝太武帝南征，兵力損失了一半還多。現在咱們的國力不強，南下伐齊的時機還不成熟，可千萬不能把打仗的事當兒戲呀！」

沒想到孝文帝一聽就變了臉，嚴厲地說：「國家是我的國家，我想幹什麼就幹什麼。任城王，你說這話，是想動搖軍心嗎？」

這句話把大臣們都嚇懵了，他們更不敢說話了。拓拔澄倒不怕，上前一步，提高了嗓門說：「雖說國家是陛下的，但我也是國家的大臣，怎麼能看著危險而不說話呢？」

孝文帝回答不出來。過了好一會兒，他的臉色才變得好看了些，慢慢地說：「這沒有什麼。咱們各說各的理由，有什麼害處呢？今天就先說到這兒吧。」

散朝後，孝文帝把拓拔澄留下來密談。他對拓拔澄說：「叔叔您以為我真是要南征嗎？才是不呢！我這只不過是個藉口。我實話告訴您：平城這地方太冷了，每年老早老早就下雪；風沙又大。要想發展，真是太不容易了。再說這兒離中原也太遠，管理這麼大的國家也不方便，所以我想把國都遷到洛陽。但又一想，我們鮮卑人在這裡過慣了，如果突然說要遷都，不說別人，先是這些大臣就不一定願意。想來想去，我想了這麼個法子，假裝說要南征，先把軍隊帶到洛陽去再說。您說我的辦法好不好？」

拓拔澄聽孝文帝這麼一說，心裡挺歡喜：這小夥子還真有點眼光！他連連點頭說：「皇上想遷都到洛陽去，實在是深謀遠慮。自古以來，周朝、漢朝都在洛陽建過都，結果不都是挺興盛嗎？」

孝文帝接著說：「我就是怕大夥兒捨不得離開平城。」

拓拔澄說：「這種大事，普通人怎麼也想不到。只要皇上能夠決斷，我看他們也沒有什麼辦法。」

孝文帝想了想，覺得還是先不提遷都好些。第二天，他下令立刻整頓軍隊，準備向南進軍征伐齊朝。他還派人在黃河上搭了浮橋，好讓軍隊過河方便。

有些大臣站出來反對，說不能南征。可是這回拓拔澄沒再說什麼。反對的人一看，連原

來最反對南征的皇叔都不說話了，他們也就只好不說了。就這樣，魏軍將士和大臣一共二十萬人跟著孝文帝渡過黃河，到了洛陽。

孝文帝讓大夥兒在洛陽休息了幾天，就命令繼續往南行軍。他見大臣們磨磨蹭蹭地不願意走，就一個人騎上快馬，一溜煙出了洛陽城，往南疾馳。

這下可把大臣們嚇壞了。本來從平城到洛陽，很多人就一肚子的不高興。這回看見孝文帝一個人要去打仗，他們就下決心來攔住他。大夥兒也都騎上馬去追孝文帝，追上後，他們「噗通」一聲全跪了下來。

孝文帝奇怪地問：「你們這是幹什麼？」

尚書李沖說：「陛下這回興兵打仗，全國的人打心眼裡不願意。現在陛下單獨一個人，不知道要到什麼地方去呢？」

孝文帝故意生氣地說：「我要南征啊，我要統一天下呀！你們三番五次地反對我，就不怕受處罰嗎？」

大臣們都豁出去了，接著你一句我一句說個沒完，全是一片反對的聲音。

等他們說完了，孝文帝嚴肅地說：「既然你們都這麼說，我可以答應先不打仗。可是，咱們這麼大張旗鼓地興師動眾，造了這麼大聲勢，不能無聲無息地回去了事，那多讓人笑話呀！這麼辦吧，不南征，就遷都。咱們把國都遷到洛陽，怎麼樣？」

大臣們聽罷全都愣住了。孝文帝趁他們還沒說出什麼，把手一揮，大聲地說：「我的決心下定了，非遷都不可！這樣吧，願意遷都的站在左邊，不願意的站在右邊。」

大臣們你看看我，我看看你，拿不定主意。這時候，有一個大臣說：「如果陛下答應不南征，我們就同意遷都！」

孝文帝輕輕點了點頭，大臣們馬上高呼：「萬歲！萬歲！」一齊站到了左邊。孝文帝這才樂了。

孝文帝決定自己到全國各地巡查一番，讓拓拔澄回平城，辦理遷都的事。留在平城的人聽說要遷都，也亂成一團。幸好拓拔澄支持孝文帝的主意，說了一大套理由，才把大家說服了。太和十八年（四九四年），北魏正式遷都洛陽。

觀聽宜參而戒門户

【名言】

觀聽不參則誠不聞，聽有門戶則臣壅塞。

——《內儲說上七術第三十》

【要義】

君王聽取臣下的言論、觀察臣下的行為時不加以實際的驗證，就無法知道真實的情況；偏信一個人的話，就如同出入只經過一扇門戶一樣，容易被臣下蒙蔽。因此要求君王多方面瞭解情況，全面地觀察、考核臣下的言行。

【故事】

叔孫氏是魯國的國相，地位尊貴而專權主斷。他有個年輕的僕人，名字叫牛，很受叔孫的寵愛，叔孫所有命令的上傳下達都由他一個人獨攬。

叔孫有個小兒子叫壬，牛很嫉妒他，因而想藉機殺了他。

有一次，牛跟隨壬一起在魯國君主那兒作客。魯君賞賜了一只玉環給壬，壬行禮接受了。但他回家後卻不敢自己去告訴父親，更不敢擅自佩戴，於是便讓牛去向叔孫請示是否可以佩戴。

牛覺得機會來了。他叫壬稍等片刻，自己假裝去找叔孫請示。過了一會兒，牛回來了，他騙壬說：「我已替您請示過了，國相說您可以佩戴它。」壬因此就把玉環戴上了。

牛接著轉身又到了叔孫那裡，對叔孫說：「您為什麼不讓壬去見見君主呢？」

叔孫說：「他一個小孩子家，哪裡有資格去見君主呢？」

牛騙他說：「壬其實已經見過君主好多次了。君主還賜給他玉環，他也佩戴上了。」

叔孫聽後很詫異，就叫壬來見他。果然，壬身上正佩戴著魯君剛剛賞賜給他的玉環。叔孫一見，覺得這麼大的事情兒子也不向自己請示，非常憤怒，不等壬辯解，就把他殺了。

壬有個哥哥叫丙，牛又嫉妒他而想殺他。

叔孫為丙鑄了一口鐘。鐘鑄好了，丙不敢敲，讓牛向叔孫請示可否敲鐘。牛不代他請示，又欺騙他說：「我已為你請示過了，允許你敲鐘。」丙因此就敲了。

孫叔聽到後非常生氣，說：「丙竟敢不請示我就擅自敲鐘。」一怒之下，把丙逐出了家門。

丙出逃到了齊國。牛見叔孫沒有殺他，還不甘心。過了一年，牛又假裝替丙向叔孫表示認罪，叔孫以為兒子後悔了，就派牛去齊國把丙叫回來。牛沒有真的去叫，外出了幾天，回來向叔孫報告說：「我已經叫過他了，丙很恨您，不肯回來。」叔孫極其憤怒，於是派人去殺了丙。

這樣，叔孫的兩個兒子都死了。

不久，叔孫得了病，牛謊稱自己一個人侍候他，說：「相國想清靜清靜，不想聽到任何聲音。」他趕走了其他的侍從，不放任何人進見。他不給叔孫看病，也不給他飯吃。沒幾天，叔孫就餓死了。叔孫死後，牛也不發喪，並且搬空了府庫中貴重的財寶跑到齊國去了。

刑法不必則禁令不行

【名言】

愛多者則法不立，威寡者則下侵上。是以刑法不必則禁令不行。

——《內儲說上七術第三十》

【要義】

「法」本是各種規章制度的總和，包括賞罰兩端。韓非子著重強調的是罰，是刑，是威嚴。君主過分仁慈的話，法制就建立不起來；君主威嚴不足，就要受到臣下的侵害。君主對臣下示愛過多，就會喪失威嚴，以致執行刑罰不堅定，禁令無法推行。

【故事】

一天，秦國郎中閻遏、公孫衍外出辦事，看見一些百姓在廟前殺牛。他們感到十分奇怪，心想：現在不是祭祀的時節。百姓們為什麼要殺牛呢？於是，兩人上前詢問原因。百姓回答說：「我們殺牛祭祀老天爺，是為了還願。」

「還願？」兩位郎中想進一步瞭解情況。

「事情是這樣的，」百姓解釋說，「前些日子，聽說襄王病了，我們就買了這頭牛，來廟裡祈禱，並向老天爺許了願：等襄王病好了，就殺了這頭牛祭天。現在大王的病已經好了，我們就來還願了。」

兩位郎中聽了，恍然大悟。他們想，襄王要是知道這件事，說不定有多高興呢。於是，他們興沖沖地回到王宮，向襄王道賀：「大王的功德已經超過堯、舜了。」

秦襄王聽了，吃驚地問：「這話怎麼說？」

兩位郎中回答說：「堯、舜雖是聖人，他們的百姓還不至於為他們祈禱。現在，大王病了，百姓自動買牛為您祈禱；您的病好了，百姓就殺牛還願。所以我們說，大王您的功德已經超過堯、舜了。」

秦襄王聽後，非但沒有露出很高興的樣子，反而氣呼呼地嚷道：「怎麼可以這樣呢？你們快去查一查，看是哪裡所為，寡人要處罰那裡的里正和伍老各出兩副鎧甲。」

閻遏、公孫衍聽後，驚訝地問：「大王為什麼反而要懲罰他們呢？」

「你們為什麼就不明白這個道理呢？」襄王解釋說，「老百姓之所以為我所用，不是因為我愛他們，而是因為我有權勢，他們才為我所用。現在，老百姓沒有接到命令，就擅自為我祈禱，這是他們熱愛我的表現。他們熱愛我，我也必須愛他們。我一愛他們，就不能嚴格執法了。不能嚴格執法，就失去了威嚴，做不到令行禁止，將來就有以下侵上的危險，這是亡國之道。所以，我不如責罰那裡的里正與伍老，使百姓不敢再愛戴我，我也不必示愛於他們。這樣，就可以嚴格執法，依照法律來治理國家了。」

閻遏、公孫衍聽後連連點頭，他們這才理解襄王的良苦用心。

一聽與責下

【名言】

一聽則愚智不分，責下則人臣不參。

——《內儲說上七術第三十》

【要義】

「一聽責下」是韓非子《七術》中的一術，意思是：如果只聽一面之詞，不能廣泛瞭解情況，愚和智就會分辨不清；督責臣下，真和假就不會夾雜。為闡明這一道理，韓非子講了幾段故事，其中最著名的一段就是「濫竽充數」的故事。

【故事】

古時候，齊國的國君齊宣王喜好音樂，尤其喜歡聽吹竽，手下有三百個善於吹竽的樂師。齊宣王喜歡熱鬧，愛擺排場，總想在人前顯示做國君的威嚴，所以每次聽吹竽的時候，總是叫這三百個人在一起合奏給他聽，給予吹竽的人很高的賞賜。

有個南郭先生聽說了齊宣王的這個癖好，覺得有機可乘，是個賺錢的好機會，就跑到齊宣王那裡去，吹噓自己說：「大王啊，我是個有名的樂師，聽過我吹竽的人沒有不被感動的，就是鳥獸聽了也會翩翩起舞，花草聽了也會合著節拍顫動，我願把我的絕技奉獻給大王。」齊宣王聽得高興，不加考察，很痛快地收下了他，把他也編進這支三百人的吹竽樂隊中。

這以後，南郭先生就隨那三百人一塊兒合奏給齊宣王聽，和大家一樣拿優厚的薪水和豐厚的賞賜，心裡得意極了。

其實南郭先生撒了個彌天大謊，他壓根兒就不會吹竽。每逢演奏的時候，南郭先生就捧著竽混在隊伍中。人家搖晃身體，他也搖晃身體；人家擺頭，他也擺頭。臉上裝出一副動情忘我的樣子，看上去和別人一樣吹奏得十分投入，還真看不出什麼破綻來。南郭先生就這樣靠著矇騙混過了一天又一天，不勞而獲地白拿薪水。

可是好景不長，過了幾年，愛聽竽合奏的齊宣王死了，他的兒子齊湣王繼承了王位。齊湣王也愛聽吹竽，可是他和齊宣王不一樣，認為三百人一塊兒吹實在太吵，不如獨奏來得悠揚逍遙。於是齊湣王發佈了一道命令，要這三百人好好練習，做好準備，他將讓他們一個個地吹竽給他聽。樂師們接到命令後都積極練習，想一展身手，把自己最拿手的曲子演奏給湣王欣賞。只有那個濫竽充數的南郭先生急得像熱鍋上的螞蟻，惶惶不可終日。他想來想去，覺得這次無論如何也混不過去了，只好連夜收拾行李逃走了。

深智辨眾隱

【名言】

深智一物，眾隱皆變。

——《內儲說上七術第三十》

【要義】

深入瞭解一件事，許多不清楚的事情都能分辨清楚了。韓非子認為，君主判定臣下的才能，應把察其實績與聽其所言相結合。君主隱忍不動聲色，而對一些事進行深入調查，瞭解情況，告訴臣下，臣下就會驚懼，不敢隱瞞，也不敢有所懈怠。這也是韓非子權術之一端。

【故事】

韓昭侯派使者騎馬去巡視縣城。使者巡視回來稟報，韓昭侯問道：「你巡視了一圈回來，都看見什麼了？」

使者回答說：「沒見到什麼異常情況。」

韓昭侯說：「既然沒什麼異常情況，那麼就把你路上所見所聞說來聽聽。」

使者想了想，說：「也沒什麼，就是南門外有一頭小黃牛在大道左邊吃禾苗。」

韓昭侯聽後，便叫使者退下，並囑咐他說：「剛才你跟我說的這件事情千萬不可告訴別人。」

隨後，韓昭侯召集屬下議事，說：「現在正是禾苗生長的時候，應嚴令禁止牛馬進入百姓的田中。原來我們曾經下過禁令的，但各級官吏不把它當回事，因此還是有很多牛馬進入了田中。現在我命令你們趕快把牛馬進入田裡的數字報上來，沒報，就要加重對你們的處罰。」

於是，官員們立即行動起來，分頭巡查各自管轄的區域。不一會兒，巡查報告紛紛呈了上來，有三個地方上報說有牛馬進入農田，並已採取措施，解決了問題。

韓昭侯看完各處的彙報情況，發現掌管南門一帶的官員沒有如實稟報，就說：「還沒報完。肯定有些地方沒有報告實情。你們再到城門四周察看一遍。」

官吏們又分頭去察看，果然發現了南門外的小黃牛。官吏們都認為昭侯英明敏銳，都戰戰兢兢地工作，惶恐謹慎地恪盡職守，再也不敢馬馬虎虎應付差事了。

三人成虎

【名言】

三人言而成虎。

——《內儲說上七術第三十》

【要義】

流言易於惑眾，弄假往往成真。三人異口同聲，沒虎也能造出一隻虎來。謠言一再重複，就有使人信以為真的可能。所謂「兼聽則明，偏信則暗」，聰明人不會人云亦云。聽取他人的言論，要進行分析研究，經過多方面的驗證，查清事情真相，否則就會被謠言所蒙蔽。成語「三人成虎」典出於此。

【故事】

戰國時代，各國相互攻伐，為了使大家能夠真正遵守信約，國與國之間往往將太子派往對方作為人質。

根據魏、趙兩國之間的協議，魏國將派太子到趙國的都城邯鄲做人質。魏王決定派大臣龐恭隨同前往，臨行前，魏王召見了他，問他是否有什麼要求。

龐恭對於出使邯鄲並不害怕，他最擔心的是走後遭小人誹謗，於是對魏王說：「臣沒有什麼要求。不過，臣有一事不明，想請教大王。」

魏王說：「愛卿但說無妨。」

龐恭於是問道：「如果有一個人來告訴大王，說集市上有老虎，大王相信嗎？」

「當然不相信。」魏王回答道。

「如果又有第二個人來報告大王，說集市上有老虎，大王相信嗎？」龐恭又問。

魏王想了想，微笑著回答道：「不相信。」

「如果又有第三個人來跟大王說，集市上有老虎，大王相信嗎？」龐恭緊接著問。

「那我就不能不相信了。」魏王猶豫了一下，做了肯定的回答。

龐恭不無憂慮地說：「很顯然，集市上並沒有老虎。但是三個人都說有，大王就相信集

市上確有老虎了。」

說到這兒，龐恭看著若有所思的魏王，把自己的疑慮和盤托出：「現在邯鄲距離這裡比鬧市要遠得多，微臣走後，朝中非議我的人將不只三個。雖然大王現在相信我，但我去邯鄲後，那些跟我不和的人都來大王面前說我的壞話，大王是否也會相信他們的話呢？請大王明察。」

「不會發生這樣的事情的，你放心地去吧！」魏王笑著安慰他。

然而，龐恭的疑慮終於成了現實。後來，魏王還是聽信了讒言，不再信任龐恭。當龐恭從邯鄲回來的時候，魏王已經不肯再見他了。

火嚴人鮮灼，水懦人多溺

【名言】

夫火形嚴，故人鮮灼；水形懦，人多溺。

——《內儲說上七術第三十》

【要義】

因為火的樣子猛烈灼人，所以人人都知道小心謹慎，避免被它燒傷；而水的樣子柔和平緩，人們往往會疏忽大意，以致溺水斃命。這是鄭相子產臨終時對其繼任者游吉所說的一段話。子產以水、火為喻，說明由於執法不嚴往往導致社會治安的混亂。韓非子藉用此語，來說明嚴肅法紀的重要性，闡明其嚴刑峻法的治國思想。

【故事】

鄭國宰相子產積勞成疾，臥病不起，病危之際，他念念不忘的還是鄭國的將來。最讓他放心不下的當然是選好他的接班人。

子產看了一遍身邊這些前來探望的大臣，最後把目光定在了游吉身上。他心裡明白，此人忠心耿耿，廉潔奉公，在滿朝官員中頗有聲望，由他來繼任自己的宰相職位最為合適。唯一令人擔憂的是，游吉生性過於寬厚，不願得罪人，這恐怕會成為將來治理國家時的不利因素。因此，一定要在臨死前給他提個醒，把大事託付於他。於是，他招手示意游吉到跟前來。

游吉來到床前，子產支撐著從病床上坐起來，對他說：「我已經向大王推薦了你。我死之後，治理鄭國的重擔就落在你肩上了，希望你好自為之！」

不等游吉答話，子產接著說道：「以你之才，治理鄭國應當不成問題。但是，你稟性過於仁慈。這當然是一種美德，但治理國家和做人不同，執政不可過於仁慈寬厚。不知你注意到了沒有：火的樣子很嚴厲，人們見了就害怕，遠遠地躲著它，所以很少有人會被火灼傷；而水的樣子很柔弱，人們喜歡游水，結果被水淹死的人卻很多。執政就應該像火一樣，施行嚴厲的刑罰，而不應該像水一樣，讓你的寬厚害了國家。」

游吉聽了，信服地點了點頭。

子產死後，鄭王果然起用游吉為相。不幸的是，子產最為擔心的事情果然發生了。游吉在他執政過程中始終無法嚴厲起來。由於法制不嚴，鄭國人愈來愈藐視王法，強盜愈來愈多。後來他們聚集在萑（音ㄏㄨㄢˊ）澤這個地方，對政權構成了嚴重的威脅。

游吉沒有辦法，只好調兵遣將，親率大軍前往萑澤鎮壓。經過一天一夜的苦戰，最終打敗了他們。但朝廷也是損兵折將，國力從此大大削弱。此時，游吉想起子產臨終前的囑託，喟然嘆道：「當初我要是早點奉行老丞相的教導，就不會產生這麼嚴重的後果了。真是悔之晚矣！」

治無小而亂無大

【名言】

治無小而亂無大。

——《內儲說上七術第三十》

【要義】

治不在小，亂不在大。治理國家這樣嚴肅的事情是沒有大小之分的，而亂世也不一定都是由大事造成的。

【故事】

戰國時，衛國有一名犯人逃到魏國，因他醫術高明，治好了王后的病，因此魏襄王十分高興，賞給他金銀布帛，並把他留在了魏國。

衛嗣君得知有犯人逃到了魏國，便派使者前往魏國，打算用五十兩黃金換回這名逃犯。但魏襄王覺得這人治好了王后的病，對自己有恩，怎麼可以為貪圖五十兩黃金就把他遣送回魏國繼續服刑呢？於是回絕了使者提出的要求。

使者回來覆命，衛嗣君沉吟片刻，對使者說：「你再到魏國去一趟，對魏襄王說，寡人願以一座城邑換回這名逃犯。」

聽到衛嗣君這話，在場的文武群臣都十分驚愕，下面一陣竊竊私語，對衛嗣君的這個決定感到不可理解。有人問：「大王您這樣做值得嗎？」

衛嗣君嘆了口氣，說：「你們哪裡知道，治不在小，亂不在大。如果有法不依，縱有多少個城邑也沒用；有法必依，丟掉十個城邑也無害。」說完，即派使者再次前往魏國。

魏襄王聽到衛國使者說衛嗣君不惜以一座城邑來換回一名普通的逃犯，起初也是覺得不可思議，等使者說明原因後，不禁為衛嗣君嚴明法紀的決心所感動，說：「衛君一心想治理好國家，我若不接受他的要求就太不適宜了。」於是，為了成全衛嗣君治國的心願，就同意了把犯人送回衛國受刑。

省其利者，反察所害

【名言】

事起而有所利，其尸主之；有所害，必反察之。是以明主之論也，國害則省其利者，臣害則察其反者。

——《內儲說下六微第三十一》

【要義】

尸主，主持。省，察看。事情發生了如果有利可得，應當去主持它；如果有害，一定要從反面來進行考察。因此，英明的君主應這樣考慮問題：國家受害，就要察看誰在其中得到好處；臣下受害，就要考察與其利害相反、立場對立的人。

【故事】

晉文公非常喜歡吃烤肉，吃得滿嘴流油而讚不絕口。有時吃得高興了，還馬上傳令叫來做烤肉的廚師與他一同探討怎樣烤肉，又大把大把地賞賜為他做烤肉的廚師。廚師因此而得寵，在家置田買地，衣食豐足。

而同在一起做其他食品的廚師和侍衛們卻總是得不到封賞。

有一次，晉文公大宴賓客，來的都是鄰國的顯貴，晉文公就對他們說：「我的廚子做的烤肉十分好吃，天下無雙，今天就讓你們大快朵頤。」於是傳令讓廚子拿出看家本領好好做烤肉，款待貴賓。

酒至半酣，肉烤好了，年輕的侍從們捧著大銀盤子端了上來，金黃香脆，肉香撲鼻，大家紛紛舉箸享用，讚不絕口。

這時，一位貴賓突然大叫一聲，把筷子扔在桌上。晉文公很是不高興，忙問這是為什麼。那位貴賓用手一指：「你看看，這就是你說的佳餚嗎？上面纏了這麼多頭髮，怎能讓人下嚥！」果然，烤肉上纏有一綹頭髮，十分刺眼。於是一桌人馬上驚叫起來，大家都譏諷地看著晉文公。

晉文公大怒，馬上讓人召來廚師罵道：「你這個混帳東西！你是想讓我出醜，你想噎死

我嗎？為什麼烤肉上纏繞著頭髮？」不等廚師答話，他就吩咐道：「拖出去亂棍打死。」

周圍的賓客忙替廚師求情：「這只不過是一件小事，何必動這麼大的肝火，請文公赦免他的罪過，饒了他吧。」

晉文公正在氣頭上，口裡嚷嚷道：「絕不能饒他！誰說也沒用！」

廚師跪在地上大哭不已，連連叩頭說：「大王，我有罪！我有罪！您請聽我說完了再殺我吧。」

晉文公氣呼呼地瞪著他說：「有什麼話快講！看你有什麼可說的！」

廚師再三行禮說：「唉！我有三條罪，死到臨頭也不知道啊！」

晉文公問：「此話怎講？」

廚師回答說：「我的刀快得就像風一樣，揮刀連骨頭都斷了，而頭髮卻不斷，這是我的第一條死罪；用桑木炭火烤肉，肉熟了而頭髮卻沒燒焦，這是我的第二條死罪；肉燒熟了，我又瞇著眼仔細看了然後裝盤，頭髮纏繞在肉上我卻沒看見，這是我的第三條死罪。大王，我想恐怕是恨我的人暗中做了手腳，現在殺我不是早了些嗎？」

晉文公聽罷，沉思了片刻，覺得不無道理，於是派人追查。果然是有人嫉妒他，與侍衛們串通好了來陷害他。晉文公於是從重處罰了那些人。

人主易惑於文辭之言

【名言】

今世之談也，皆道辯說文辭之言，人主覽其文而忘有用。

——《外儲說左上第三十二》

【要義】

君主往往喜歡聽一些漂亮動聽的話，只重外表的華美而不顧實質，只看文辭的華麗而忘記了它是否實用。因此便會做出捨本求末的不當取捨。

【故事】

楚王對田鳩（鳩音ㄐㄡ）說：「墨子也算聲名顯赫的學者了，他親身實踐還是不錯的，他

講的話很多，但不動聽，這是為什麼呢？」

田鳩沒有立即回答楚王的問題，而是向他講了兩個故事：「從前秦伯把女兒嫁給晉國的公子，讓晉人為女兒打扮，當時，還有七十名穿著彩衣陪嫁的女子。到了晉國之後，晉公子卻不喜愛秦伯的女兒，而愛上了陪嫁的媵（媵音ㄧㄥˋ，陪嫁的女子）妾。因此，秦伯可以說是善於嫁陪嫁的女子而不善於嫁自己的女兒啊。」

接著田鳩又向楚王講了個鄭人買櫝還珠的故事：

「楚國有一個到鄭國賣珍珠的人，他精心製作了一個木匣子，並用桂椒之類的香料薰蒸這個匣子，還在匣子外面鑲嵌珠玉，裝飾上玫瑰的寶石，編織上翠鳥的羽毛。結果鄭人買了他的匣子，卻把匣子裡的珍珠退還給他。因此，這個楚國人可以說是善於賣匣子，而不能說是善於賣珍珠。」

講到這裡，田鳩見楚王聽得津津有味，便正色說道：「當今世上言談之人，都使用華麗文采的語言，君主們喜愛這些美麗的言辭而忘了它們應有的功用。墨子的學說傳播先王的治世之道，論述聖人的話，並把它們公之於眾。如果言辭太華麗，就怕人們惦記著文辭之美而忘掉其本來意義，造成以文辭妨害功用的後果。那樣就與楚人賣珠、秦伯嫁女同樣荒謬了。所以，墨子的言辭通常並不華美。」

楚王聽罷，若有所思地點了點頭。

治國謀先王，有如歸取度

【名言】

不適國事而謀先王，皆歸取度者也。

——《外儲說左上第三十二》

【要義】

治理國家，不按照國家政事的需要從實際出發，卻硬要謀求所謂的先王之道，就如同鄭人買鞋時回家拿量尺一樣，無疑是典型的教條主義。處事也是如此，一切都應從實際出發，拋棄了實踐，而只追求「本本主義」，則背離了其根本。一切理論都是從實踐中總結出來的，而總結出的理論又是為實踐服務的。如果只相信理論而不相信實踐，不去實踐，那麼理論就成了阻礙現實生活的絆腳石。

【故事】

鄭國有個人既呆板，又倔強，一點兒不知變通。

他的鞋子穿了快一年了，鞋底已磨出了好幾個洞，鞋幫也撕裂了，走路的時候，鞋子老往下掉。他想，再過幾天就要過年了，年前一定得去買雙鞋，新年才好有鞋穿。

這天，是年前的最後一個集市，家家戶戶都忙著裁製新衣，置辦年貨。鄭人也準備藉這一年中最後一次趕集的機會，把家裡該置辦的東西都辦好，尤其重要的是要買一雙鞋，過年時穿著它走親串友也顯得體面一些。於是吃過早飯後，他就首先找了一根麥秸，比了比腳的長度，掐斷，做成了一個量尺，放在凳子上。因為還要買別的年貨，自己家也有些東西要賣，他又去準備了一擔籮筐。他把要賣的東西放在籮筐裡，就興沖沖地挑著籮筐趕集去了，因走得太匆忙，結果就忘了帶上鞋子的量尺。

趕年集的人特別多，買東西的人也很多。他好不容易找了個地方擺好攤位，想先把自家的貨物都賣了，再去採辦年貨。

生意真不錯，自家的東西很快就賣了出去。他點了點賣貨物賺來的錢，便按照事先準備好的購物清單，開始一樣一樣地採辦年貨。最後，他來到鞋攤上。

賣鞋的人很多，鞋也不少。他挨個兒地看過去，要嘛價錢太貴，要嘛鞋的式樣、顏色他不喜歡。他好不容易在一個攤位上找到了一雙樣式、布料、做工都很不錯的鞋，翻來覆去看了好半天，愈看愈覺得滿意。他決定買下這雙鞋，就到籮筐中去找量尺，可是找了半天也沒找到，他這才想起是忘在家裡的凳子上了。

「你到底要不要？」賣鞋子的人看他猶猶豫豫的樣子問道。

「我忘記帶量尺了！」鄭人嘆了口氣，不好意思地對賣鞋子的說。他戀戀不捨地把手中的鞋放回鞋攤上，挑起籮筐急急忙忙往回走。

量尺仍然躺在凳子上。他放下籮筐，拿上量尺，又急急忙忙向集市奔去。可是已經晚了，當他跑到集市上的時候，年集已經散場了。

「只好穿著破鞋過新年了！」他一邊想著，一邊垂頭喪氣地往家走。路上，有人問他為什麼不高興。他指指鞋子，懊惱地把經過告訴了他。那人笑道：「你為什麼不用腳去試試新鞋子呢？」

他回答說：「我寧願相信量尺，也不相信自己的腳。」

民歸利，士死名

【名言】

利之所在，民歸之；名之所彰，士死之。

——《外儲說左上第三十二》

【要義】

利益在什麼地方，民眾就歸向什麼地方；宣揚什麼好名聲，士人就拚命為之奮鬥。宣傳什麼，表彰什麼，其實就是在引導人們往什麼方向去做，因此導向性非常重要。立什麼人做榜樣，大家都會向他學習，這就形成了風氣。

【故事】

趙襄子任命王登為中牟縣令。

王登感謝趙襄子的知遇之恩，就竭盡自己的聰明才智，盡忠職守，不久，將中牟治理得井井有條。趙襄子瞭解了王登的政績，為自己選對了人而高興，同時，也更加深了對王登的信任。

有一天，王登來到朝堂晉見趙襄子，對他說：「微臣治下的中牟縣，有兩位學士，一位叫中章，一位叫胥己。他們兩人都滿腹經綸，學識淵博，又很有才幹，在微臣治理中牟的過程中幫了大忙。願主公任用他們。」隨後，他向趙襄子詳細介紹了這兩人的情況。

趙襄子聽了很高興，當即滿口答應：「你帶他們倆來見我，我將任命他們為大夫。」

這時，相國上前勸諫說：「中大夫是國家的重要職位。現在中章、胥己沒有立下什麼功勞就擔任這樣的要職，這是歷來沒有過的事情。主公只是聽人介紹一下，連他們的面都沒見過，就發佈這樣的任命，恐怕是不妥當的吧。」

趙襄子回答說：「我任命王登的時候，既聽了別人的介紹，也見過他本人，進行了多方面地考察。現在，王登薦舉中章、胥己，他也聽過別人的介紹，見過他們本人，進行了多方面地考察。為什麼不可以相信呢？像我們這樣耳聞目見、層層舉薦人才，是沒有窮盡的，這對我們國家網羅人才大有好處。」

就這樣，王登在一日之內就推舉了兩人。他們都被任用為中大夫，由國家授予田畝和住宅。

中牟縣的人聽到這個消息，都羨慕得不得了。許多人都不再幹農活，賣掉自家的房子、園地，跟隨文學之士學習。這樣的人幾乎達到全縣的一半。從此，中牟縣讀書之風大盛。

秦始皇（前259～前210），中國統一的秦王朝的開國皇帝。嬴姓，名政。秦莊襄王之子。13歲即王位，39歲稱帝。戰國末年，秦國實力最強，已具備統一東方六國的實力。秦王政初即位時，國政爲相國呂不韋所把持。公元前238年，他親理國事，免除呂不韋的相職，並任用尉繚、李斯等人。自公元前230年至前221年，先後滅韓、魏、楚、燕、趙、齊六國，終於建立了中國歷史上第一個統一的、多民族的、專制主義中央集權制國家? 秦朝。

小信成則大信立

【名言】

小信成則大信立。

——《外儲說左上第三十二》

【要義】

「信譽」的培養宜從小處著手。在小事上能夠守信，在大事上就能守信。

【故事】

曾子的妻子要到集市去趕集，小兒子看見媽媽要出門，哭著鬧著，非要跟媽媽一起去。妻子想，到集市去的路很遠，她又要買很多東西，如果帶著孩子，恐怕就不能及時趕回來做飯了。再說了，集市上人很多，她既要操心買東西，還要留心照顧孩子，萬一不小心讓孩子走丟了，那可不是鬧著玩的。於是，她就千方百計哄著孩子，叫他不要跟著去。可是，好說歹說，兒子就是不聽。一把眼淚一把鼻涕，扯著衣服抱著腿，非要跟著去不可。這可怎麼辦呢？

心煩意亂的妻子不知如何是好，忽然，她看見豬圈裡的豬，靈機一動，想出了一個辦法。她彎下腰，把兒子的眼淚、鼻涕擦乾，撫摸著他的頭說：「別哭了，兒子。媽媽問你，想不想吃肉呀？」

兒子聽說吃肉，馬上停止了哭鬧，忙不迭地點點頭說：「想。」

妻子說：「如果你不吵著跟媽媽去，等媽媽回來，就燉肉給你吃，好不好？」

兒子將信將疑地問：「哪來的肉呀？」

妻子笑著朝豬圈一指說：「你看，這麼大一頭豬，夠你吃的吧？」

兒子聽了，這才鬆開了手。

中午，妻子趕集回來了。一進家裡，她發現院子裡擺著幾個大盆，曾子正在堂屋裡和一個膀大腰圓的漢子坐著說話，感到十分詫異。

曾子見妻子回來了，就站起身來說：「妳回來了，那我們就開始殺豬吧。」

妻子十分吃驚：「殺豬？不逢年不過節的，殺豬幹什麼呀？」

曾子說：「不是妳答應兒子中午回來殺豬吃的嗎？」

妻子這才知道，兒子把她出門時許諾殺豬的事告訴了爸爸。她不禁覺得好笑，就說：「我那是哄孩子的，你怎麼就當真了呢？」

曾子卻繃著臉說：「妳這不是教孩子騙人嗎？」

妻子見丈夫嚴肅的神情，自知理虧，委屈地說：「那會兒我正急著去趕集，他老纏著我脫不了身，我一時心急才說這話哄他的。本想孩子還小不懂事，過一會兒他就會把這事忘了的。」

曾子見妻子還是不理解，就耐心地說：「教育孩子，本來就不是件容易的事，但不論遇上什麼難事，都不能教孩子騙人啊。現在妳騙了他，日後，他就會學著去騙別人了。」

看著丈夫態度如此堅決，妻子一時無話可說，只好同意把豬殺了。請來的屠夫這才知道殺豬原來僅僅是因為對孩子的一句許諾，也不禁直豎大拇指讚嘆曾子教子有方。於是，大家一起把圈裡的大白豬殺掉了。

小兒子玩到吃飯的時候回家，一進家門，就聞到香噴噴的肉味，高興極了。他邊跳邊叫：「媽媽說話真算數。」妻子看著丈夫，不好意思地笑了。

以罰受誅，人不怨上

【名言】

以罰受誅，人不怨上。

——《外儲說左下第三十三》

【要義】

因為確實有罪而受到懲罰，人們就不會產生私怨，由此可見嚴格執法的重要性。為政者維護法律的尊嚴，不徇私枉法，使觸法網者自知罪有應得。如果執法不嚴，犯法者則必然會輕視法律，也會鄙視執法者的人格。

【故事】

孔子周遊列國，宣揚他的政治主張。他來到衛國，但未能得到衛靈公的重用。靈公死後，衛國又發生了激烈的內部爭鬥，於是孔子決定離開衛國。

這時，有人四處造謠說：「孔丘率領門下弟子陰謀叛亂。」新任國君不辨真偽，下令立即逮捕孔子一干人等。孔子的學生子皐（皐音ㄍㄠ）是衛國主管刑法的高官，聞訊後立即派人通知老師，要他帶領弟子們逃往他國。子皐見勢無法在衛國立足，顧不得回府收拾，也騎上快馬倉皇出逃。

子皐快到城門時，遠遠望見城門口全副武裝的士兵正仔細地盤查著進進出出的行人。正在這進退兩難的時候，忽然聽到有人在他旁邊小聲喊道：「請跟我來！」

子皐側目一看，見那人拄著一根枴杖站在他身邊不遠的地方招手，看樣子有些面熟，好像是在哪裡見過，但一時又想不起來。此時，他已無路可逃，只好下馬跟著他走。

拄枴杖的人把子皐帶到城門附近的一間暗室中躲藏了起來。半夜時，那人帶著一個包裹走了進來，他從包裹中取出一身衣服，讓子皐喬裝打扮，然後把他送出了城門。

子皐一直覺得很納悶，等他順利出了城門口，終於忍不住問道：「敢問恩公是誰，您為什麼要幫助我呢？」

拄拐人指著自己的瘸腿說：「您不認識我了。一年以前，我因疏於職守，觸犯了刑律，您依法對我施行了刖（刖音ㄩㄝˋ）刑，我的這隻腳就是那時候沒了的。從那以後，我就做了城門的看守。沒想到，今天這份差使還派上了用場。」

子皋這時終於想起來了。但令他疑惑的是，這個人非但不報復他，反而甘冒風險來幫助他，這是為什麼呢？於是，他問道：「當初我不能破壞國君的法律而偏袒您的那隻腳。今天是您報仇的時候，可是您為什麼卻肯幫我逃走呢？我憑什麼得到您這樣的關照呢？」

守門人說：「我受斷足之刑，是我罪所應得，誰也無法幫我解脫。可是當初您在準備對我施刑的時候，您仔細揣摩國家法令，希望能使我免於酷刑，您所做的這一切，我都知道。等到後來審判定罪之後，您心裡悲傷，在您臉上反映出來，這些我又看在眼裡，知道您的好心。這不是您私心偏袒我一個人才這樣，而是您的天性和仁愛之心的自然反映。這就是我甘心受刑而對您感激的原因啊。」

子皋聽罷，感激之餘，不禁又對他肅然起敬，道過謝後，不捨地向他揮手告別。

君子慎所樹

【名言】

樹橘柚者，食之則甘，嗅之則香；樹枳棘者，成而刺人。故君子慎所樹。

——《外儲說左下第三十三》

【要義】

橘柚，果木名。枳棘（音ㄓˇ ㄐㄧˊ），多刺的樹，亦指惡木。種植橘柚的話，吃起來是甜的，聞起來是香的；種植枳棘的話，長大後反而刺人。所以君子栽培人才時要慎重。選才不慎，等於養奸；選才得當，獲利無窮。

【故事】

陽虎，又名陽貨，是春秋末期魯國季孫氏的家臣。魯定公十七年（前五〇二年），他起兵攻打季孫、叔孫、孟孫三家，想奪取魯國的政權，結果兵敗出逃。

他曾經私下議論說：「君主賢明，臣下就會全心全意為他賣命；君主無能，臣下就會用奸詐的方式欺騙他。」這次出逃，他先到了齊國，齊國不收留，又逃到衛國。陽虎的學生在各國當官的很多，可是他在衛國卻遭到官府通緝。他四處逃跑，最後逃到北方的晉國，投奔到趙簡子門下。

趙簡子見陽虎失魂落魄的樣子，問道：「你怎麼變成這個樣子了呢？」

陽虎傷心地說：「從今以後，我發誓再也不培養人了。」

趙簡子問：「這是為什麼呢？」

陽虎懊喪地說：「許多年來，我辛辛苦苦地培養了那麼多人才，直至在當朝大臣中，經我培養的人已超過半數；在地方官吏中，經我培養的人也超過半數；那些鎮守邊關的將士中，經我培養的同樣超過半數。可是沒想到，就是由我親手培養出來的人，他們在朝廷做大臣的，離間我和君王的關係；做地方官吏的，無中生有地在百姓中敗壞我的名聲；更有甚者，那些領兵守境的，竟親自帶兵來追捕我。想起來真讓人寒心哪！」

趙簡子聽了，深有感觸。他對陽虎說：「只有品行好的人，才會知恩圖報；那些品質差的人，他們是不會這麼做的。你當初在培養他們的時候，沒有注意挑選品德好的加以培養，才落得今天這個結果。比方說，如果栽培的是桃李，那麼，除了夏天你可以在它的樹蔭下乘涼休息外，秋天還可以收穫鮮美的果實；但如果你種下的是蒺藜，那麼不僅夏天乘不了涼，到秋天你也只能收到扎手的刺。在我看來，你我栽種的，都是些蒺藜呀！所以你應記住這個教訓，在培養人才之前就要對他們進行選擇，否則等到培養完了再去選擇，就已經晚了。」

陽虎聽了趙簡子一番話，點頭稱是。

人的品德應該比才能更重要，因此應有選擇地培養人才，不可良莠不分，這對後人是很有啟發的。

私怨不入公門

【名言】

私怨不入公門。

——《外儲說左下第三十三》

【要義】

私人怨恨不關公家事務。杜絕私心，為國舉才，國家才能興旺發達；否則朋黨勾結，私欲得逞，國家的公益必然受到損害。

【故事】

解狐是名將解揚的兒子。他為人耿直倔強，公私分明，和當時晉國一位勢力強大的大夫趙簡子關係很好。

趙簡子領地的國相職位空缺了，趙簡子就讓解狐幫忙推薦一個人選，讓他感到意外的是，解狐竟然推薦了自己的仇人。

那人上任後，果然把趙簡子的領地治理得井井有條。趙簡子十分滿意，誇獎他說：「你真是一個好國相，解狐沒有看錯人啊！」

那人這才知道是解狐推薦了自己。他不由對解狐心生感激之情，但同時又感到有些疑惑：「難道他這是表明要主動與我和解嗎？」

於是，他決定去登門拜訪解狐，對他不計前嫌而舉薦自己表示感謝。沒想到剛到解府門口，卻見解狐遠遠地張弓搭箭，向他狠狠射來。他還沒來得及躲閃，那箭已擦肩而過。正當他驚詫之際，只聽解狐說道：「我推薦你，那是為公，因為你能勝任。可是私人之間，我和你有不共戴天之仇，你竟還敢上我的家門來嗎？再不走，看我敢不敢一箭射死你！」說罷，又一次張弓搭箭瞄準他。這時，那人才明白解狐依然對自己恨之入骨，他慌忙遠施一禮，就轉身離開了。

善持勢者早絕奸萌

【名言】

善持勢者，蚤絕其奸萌。

——《外儲說右上第三十四》

【要義】

蚤，通「早」。善於掌握權勢的君主，應及早杜絕臣下作奸犯上的苗頭。這是子夏在解釋《春秋》時說的一句話，意謂防患於未然。韓非認為，君主必須牢牢掌握權勢，對賞、罰、譽、毀都不起作用的官吏要堅決剷除，把危險消滅在萌芽狀態，使官吏置於君主的絕對控制之下。

1980年出土於秦始皇陵封土西側約20米處，車共兩乘，經復原大小約爲真車、馬的二分之一。1號車呈橫長方形，有圓形車蓋，蓋下立一銅御官俑。2號車爲凸字形，分前、後二室，其間以車screen相隔。後室有橢圓車蓋，左、右、前三面screen各有一窗，後screen有門，門窗可靈活啓閉。銅御官俑戴冠佩劍坐於前室。
二車皆雙輪、單轅，由四馬駕車，輓具齊全，有的用金、銀裝飾。車通體彩繪有卷雲紋、雲氣紋和幾何紋圖案。車、馬、俑部件均由鑄造成型，再經多種工藝加工和組合，其飾件的金銀細作工藝十分精湛。

【故事】

一次，齊景公到晉國進行訪問，晉平公大擺酒宴款待景公一行，大臣師曠在旁邊侍坐。

齊景公早已聞知師曠多謀，善於治理國家，於是酒宴開始不久，齊景公便向師曠請教如何處理政事，說：「太師您對治理國家有什麼高見？」

師曠說：「也沒什麼，您只要施惠於民就可以了。」

宴席進行到一半的時候，大家酒興正濃，齊景公

又問師曠如何治理國家：「太師您有什麼指教嗎？」

師曠曰：「您一定要施惠於民啊！」

酒後，齊景公回住處休息，師曠送行，景公又向師曠請教政事。師曠還是回答說：「您只要對百姓多施恩惠就可以了。」

一路上，齊景公不斷琢磨著師曠告訴自己的那一句話，百思不得其解。想了很久，忽然，他想到了自己的兩位弟弟：公子尾和公子夏。他們兩家都很富裕，又樂於施惠，老百姓很擁護他們。在齊國，他們很得民心，勢力已和公室相仿，已對國家統治形成了很大的威脅。想到這兒，齊景公忽然明白了：兩位弟弟就是可能危及自己王位的人！現在，師曠叫我對老百姓多施恩惠，不就是讓我和兩位弟弟爭奪民心嗎？

於是，回國以後，齊景公下令打開糧倉賑濟廣大的窮苦百姓，打開金庫把多餘的銀錢賞給孤寡之人。結果，倉庫裡沒有了陳糧，金庫中沒有了多餘的銀錢。此外，景公還命令把後宮那些沒被納為妻妾的宮女都嫁給那些娶不起媳婦的光棍。

這些惠民措施使得齊景公聲望日增，齊國的人心又重新收攏了回來。過了兩年，兩位弟弟都出走了，公子夏逃到了楚國，公子尾去了晉國，國家的政治得到了穩定。齊景公常想起師曠的那句話，真是至理名言啊！

難在不以所疑敗所察

【名言】

不以其所疑敗其所察則難也。

——《外儲說右上第三十四》

【要義】

不讓自己所懷疑的事物去破壞自己所認定的事情，那才是真正的困難。對一件事、一個人的瞭解並不難，只要深入觀察，拿一些事情去讓他實踐，然後用標準來衡量他的好壞。關鍵的是一些阻礙，有內部的，也有外部的。人們在爭鬥中最易喪失自己的認知，有時候自己肯定的事，在反覆之中也會變得糊塗起來。因此主見就顯得重要了，一個沒有決斷能力的人是做不成大事的。

【故事】

唐堯在位日久，感到自己年紀老了，精力不濟，想挑選一位繼承人接掌帝位，他問大臣們說：「各位能否推選一位賢才來接替我的職位？」

有大臣說：「您的兒子丹朱通情達理，可以接替帝位。」

唐堯嘆了口氣說：「唉，丹朱兇狠頑劣，不能繼位，大家另選賢才吧。」

大家議論紛紛，有人說：「民間有一位叫虞舜的年輕人，聽說很不錯。」

唐堯聽見立即接過話：「我也聽說過虞舜，大家都說他既孝順又賢明，是不是這樣？」

一位大臣走上前說：「是的，虞舜的確十分孝悌。他父親是個瞎子，糊塗透頂；繼母很愚頑；弟弟象為人十分傲慢。可是虞舜卻能以自己的美德感化他們，使他們不至於陷入邪惡的泥潭，一家人得以和睦相處，實在難得。」

唐堯聽了大臣的話，覺得虞舜是繼承帝位的合適人選。但為了慎重起見，他決定全面考察虞舜的品行。

唐堯首先將自己的兩個女兒——娥皇和女英嫁給虞舜，觀察他如何對待兩位妻子。

虞舜娶了娥皇、女英後，並不因為她們是帝王的女兒而格外嬌寵她們，而是讓她們按普通百姓家的規矩禮節去拜見公婆，而且讓她們操持家務，侍奉公婆，一點也不特殊。唐堯認為虞舜做得對。接著，唐堯讓虞舜掌管禮教之事。虞舜便大力推行愛護子女、親近兄弟、孝順父母的道德風尚，一時天下民風淳厚，世道清明。

唐堯見虞舜做出這樣好的成績，十分高興，就讓虞舜協助他管理百官。虞舜對待百官舉止得當，辦事公正。百官都願意服從虞舜的命令。

唐堯又讓虞舜去接待朝見的諸侯和遠方外邦的使者。虞舜對待諸侯和使者謙恭有禮，和藹可親，這些人對他彬彬有禮的君子風範讚不絕口。

唐堯經過多年考察，認為虞舜的確十分賢明，有足夠的能力治理好天下。於是，唐堯下令舉行禪讓大典，把帝位讓給虞舜，自己則退位養老。

鯀聽到這個消息，就派人前來勸阻說：「不吉利啊！虞舜出身卑微，怎能把天下大權傳給一個普通人呢？」

唐堯不接受鯀的勸阻，發兵把鯀誅殺在羽山的郊野。

共工又勸阻說：「誰能把天下大權傳給一個普通人呢？」

唐堯不接受共工的勸阻，把共工流放到幽州。

這樣一來，天下再沒有人敢站出來反對，於是虞舜順利地接受了禪讓。

孔子讀了這段史事後說：「對堯來說，知道舜賢明並不困難。至於誅罰勸阻的大臣，而堅持要把天下傳給舜，這才是困難之處啊。」

有苦則安，治國亦然

【名言】

夫痤疽之痛也，非刺骨髓，則煩心不可支也；非如是，不能使人以半寸砥石彈之。今人主之於治亦然：非不知有苦則安；欲治其國，非如是不能聽聖知而誅亂臣。

——《外儲說右上第三十四》

【要義】

受瘡疽（疽音ㄐㄩ）痛苦折磨的人，不用針刺骨髓就無法解除心緒煩亂和病痛之苦。如果不是這樣，也就不肯讓人用半寸的石針去刺它。君主治國也是這樣，不知道痛苦就得不到長治久安。要想治理國家，不這樣就不能聽從聖智之言而誅討亂國之臣。因為凡能危害國家的人必定位高權重，位高權重的人也必然與君主關係十分親密，是他提拔和寵愛的人，他們的關係就像骨頭和肉一樣不可分離。但是一位清醒的君主不能不明白切膚之痛與生命之憂孰重孰輕。君主的醒悟是十分重要的。否則對於普通老百姓來說，即使有治國方案，倘若得不到君主清醒的自覺行為，那只有自討殺身之禍了。

【故事】

晉文公問狐偃：「我的甜酒肥肉遍賜堂下將士，自己宮中只留幾杯酒、幾缽肉，壺裡的酒來不及清澄就賞給了士卒，新鮮肉從來不存放起來個人享用，殺一頭牛要讓滿城的人都分享，一年到頭的紡織之功全部用來為士卒做衣服。用這種方式動員民眾去作戰，夠不夠呢？」

狐偃說：「不夠。」

晉文公說：「我減少關卡集市的稅收，放寬刑罰，這樣夠不夠動員民眾參戰呢？」

狐偃說：「不夠。」

晉文公說：「我的百姓中如果有人喪失資助，我親自派朝廷官員去調查優撫。如果有罪，我就赦免他。如果生活貧窮，我就向他提供幫助。這樣足可以讓民眾參戰嗎？」

狐偃說：「不夠。主公所說的都是用來順應和扶持民眾休養生息的；然而戰爭卻是要犧牲百姓的。人們之所以跟隨主公，為的就是追求休養生息，主公卻順勢讓他們去死，這就喪

失了民眾跟隨你的本來意義了。」

晉文公說：「那麼怎樣才足以讓民眾參戰呢？」

狐偃說：「讓賞賜兌現，讓刑罰兌現，這就足以讓民眾參戰了。」

晉文公問：「刑罰的極限在哪兒呢？」

狐偃說：「不迴避親人和權貴，對所寵幸的人也施行法律。」

晉文公說：「好！」

第二天，晉文公下令在陸囿圍獵，以中午為時限，遲到的人處以軍法。這時，文公所寵愛的一位叫顛頡（顛頡音ㄉㄢ ㄐㄧㄝ）的大臣來遲了，執法官請求按法治罪，文公流著眼淚猶豫不決。執法官說：「請讓我執法。」於是斬了顛頡的頭在百姓中公開示眾，藉以證明法律的真實。事後，百姓都害怕地說：「國君一向那麼重視、寵愛顛頡，但還是對顛頡執行法律。況且像我們這樣的百姓呢！我們還有什麼理由免刑呢？」

文公看見民眾可以驅使參戰了，便興兵討伐衛、虢、曹、鄭、楚等國，所向披靡，取得了卓越的功績。之所以能這樣，沒有其他原因和特別的憑藉，只是由於他接受了狐偃的謀劃，借用了顛頡的腦袋。

治強生於法，弱亂生於阿

【名言】

治強生於法，弱亂生於阿。

——《外儲說右下第三十五》

【要義】

阿，偏袒。國家的安定和強大來自依法辦事，反之，不依法辦事，就會導致國家的衰弱和動亂。明白這個道理，為政者就要公正地實行賞罰而不可隨便暴露自己的愛憎，這樣就不會被他人騙取信任，不給他們徇私枉法留有機會。

【故事】

公儀休是春秋時期魯國人，向以「為官清廉」著稱。然而他雖清廉，卻並不像神話中的神仙一樣不食人間煙火，其七情六欲之中就有一個嗜好——十分喜歡吃魚。當時由於魯國水產不豐，魚成了較難吃到的奢侈品。所以孟子就曾經把魚和熊掌相提並論，說：「魚，我所欲也；熊掌，亦我所欲也。二者不可兼得，捨魚而取熊掌者也。」可見魚在當時可稱得上是珍饈佳餚了。

然而公儀休卻不管這些，他把自己所有的俸祿幾乎全部用在吃魚上了。他幾乎每天都要吃魚，如果哪天沒魚吃，他就會覺得茶飯不香，難以下嚥。魚對於他來說簡直就是生活中不可缺少的一部分，離了魚，他幾乎無法生活了。賣魚的人知道這一點，每天都必定到他家去一趟。

這一年，公儀休當了魯國的宰相。於是，上上下下認識他的人以及那些想求他辦事的人，都投其所好，爭著買魚去送給他。不料，上門的人卻萬萬沒有想到，公儀休毫不領情，一概不收，並在門上懸掛一紙告示：送魚者請勿入內。他的學生覺得奇怪，對他說：「先生這麼愛吃魚，為什麼不接受別人送的魚呢？」

公儀休說：「正因為愛吃魚，所以我才不能隨便收下別人送來的魚。如果收了人家的魚，就免不了口軟手短，對人家露出低三下四的神色，這樣，我就難免徇情枉法。我若徇情枉法，說不定哪一天就會被革去宰相的職務。到那個時候，雖然我喜歡吃魚，這些人也不會給我送魚了；我沒了俸祿，自己又買不起魚，那就沒法天天吃魚了。與其這樣，我不如現在不接受別人的魚，廉潔奉公，做個好宰相。雖然不能吃別人送的魚，但我自己的俸祿能保證我天天有魚吃。」

循事理則不勞而成

【名言】

因事之理，則不勞而成。

——《外儲說右下第三十五》

【要義】

遵循事物的法則辦事，不費勞苦就能成功。一切事物都有其自身的規律，如果我們認真體察，摸清了規律，並遵循其發展規律，就會事半功倍。如果一味盲目蠻幹，則會適得其反。因此，對事物規律性的認知和研究就顯得十分重要了。

【故事】

延陵卓子乘坐的車子雍容華貴。拉車的是兩匹馬，一匹名叫「蒼龍」，一匹名叫「翟文」，都是非常名貴的寶馬。這兩匹寶馬的裝扮也十分精緻，馬身上繪著雲龍圖案和鳳凰一樣美麗的毛色。人們見了這樣的馬車，無不駐足觀賞，嘖嘖稱羨。

然而僅僅如此，延陵卓子還不十分滿意，他又請工匠製作了兩副金籠頭，套在馬頭上。「嗯，這樣看起來，馬的樣子就威嚴多了。」延陵卓子不禁為自己的這種發明創造得意洋洋。

但是，延陵卓子本人根本不會駕馬車。這一天，延陵卓子有事要出遠門，不巧他的車夫回家探親去了，不在身邊。家人勸他另雇一名車夫，但延陵卓子滿不在乎地說：「不用！我平時騎著駿馬縱橫馳騁，如走平地一般，駕馭馬車豈不是更簡單。」於是，他給兩匹寶馬套上籠頭，馬的身後綁上銳利的馬刺，揚起馬鞭，隻身駕著馬車出了家門。

一開始，走在寬闊的大路上，馬車行進十分平穩。路上的行人看到裝扮如此華貴的馬車，無不投來羨慕的眼光。

「駕車的感覺真是好極了！」延陵卓子挺直了腰桿，高昂著頭，真是神氣無比，風光無限。

馬車繼續前行，進入了一片市集。這時，前面突然有一駕牛車橫在了路中央，擋住了去路。延陵卓子慌了手腳，不知如何是好。他想讓馬停下來，卻揮舞著馬鞭直往馬屁股上抽。前面已是無路，馬進不能進，退不能退，只好橫著往路邊躲，把路邊商販的攤舖撞得七零八落，一地狼藉。延陵卓子愈急愈亂，手中的馬鞭不停地揮舞，但就是無法讓馬停下來。路人看見他手忙腳亂的狼狽樣，都不由得哈哈大笑起來。

這時，造父恰巧從旁經過。他是當時有名的伯樂，熟知馬的習性，駕車技術也十分高超。他見延陵卓子的馬車失控，再不及時制止，隨時都有馬驚的危險。於是，他縱身上前，站在兩匹馬的中間，雙手抓住馬的轡繩，順勢將馬往大路中間一領，說來奇怪，兩匹寶馬頓時就安靜了下來。

馬車停了下來。延陵卓子從車上躍下，此時的他已是滿頭大汗，狼狽不堪，在圍觀者的哄笑聲中，羞愧得滿臉通紅，恨不得找個地洞鑽進去。他下車後，也不向造父道謝，抽出身上的佩刀就向馬腿砍去。剎那間，在淒厲的嘶叫聲中，兩匹寶馬倒在了血泊之中。

延陵卓子斬斷了馬腳，鑽出圍觀的人群，頭也不回地走了。

造父目睹了這種情形，禁不住流下了眼淚。他一整天都不吃東西，不停地唉聲嘆氣。有人不解地問：「延陵卓子砍了他的寶馬，您雖然愛惜馬，但也犯不著為此如此傷心吧。」

造父仰天嘆息說：「我傷心不單單是為這兩匹無辜的馬啊。馬鞭是用來朝前趕馬的，前面卻套上了金製的籠頭；轡繩是用來朝後拉馬的，後面卻綁著銳利的馬刺。現在的君主在用人的時候，根據某人的清高廉潔而起用他，卻又因為他不合左右近臣的胃口而罷免他；根據某人的公正而讚譽他，卻又因為他不對自己唯唯諾諾而廢除他。百姓因為害怕，立在中間，不知該如何適從，這就是我為之哭泣的原因啊。」

君子尚忠信，戰陣崇詐偽

【名言】

繁禮君子，不厭忠信；戰陣之間，不厭詐偽。

——《難一第三十六》

【要義】

厭，通「饜」，滿足。講究禮儀的君子，不嫌忠信繁多；兩軍對陣的時候，不嫌詐偽繁多。平常日子裡是禮多人不怪，兩軍相遇是兵不厭詐。正所謂此一時也，彼一時也。禮之用，和為貴；兵之用，勝為準。

【故事】

晉文公欲與楚國交戰，他厲兵秣馬，經過長期準備，覺得實力差不多了，決定在城濮與楚軍交戰。決戰之前，晉文公心裡不踏實，就召來舅犯，向他詢問戰策：「我們將與楚軍交戰，楚軍人多勢眾，你看我們該怎麼辦呢？」

舅犯就是文公的舅舅狐偃，足智多謀，深為文公倚重。狐偃想了一會兒，胸有成竹地對文公說：「我聽人說過：多禮的君子，講究的是忠誠守信；戰陣之間，講究的是奇謀詭道。所謂『兵不厭詐』，大王只要做到這四個字，就能以少勝多了。」

文公點點頭，讓舅犯走了，接著召來雍季，拿同樣的問題向他請教。

雍季也是文公的重要謀臣，他講的卻是另一番道理：「用燒毀森林的辦法來打獵，暫時可以獵取較多的野獸，但以後就沒有野獸可供獵取了。用欺詐的辦法對待百姓，就像用焚林的辦法打獵一樣，一時行得通，以後可就不能再用了。」

文公也點點頭，讓他走了。

在作戰中，文公採納了舅犯的主張，使用了很多奇謀詭道來調兵遣將。

首先，他讓將士們給戰馬披上老虎皮，向楚軍右營發起衝擊。楚軍的戰馬一見，以為是真老虎，都受驚了，楚國士兵控制不住，頓時陣腳大亂。晉軍乘勢掩殺過去，輕而易舉地擊

潰了楚軍右師。

緊接著，晉文公讓進攻楚軍左營的隊伍假裝敗退，另派士兵化裝成楚軍，打著楚軍右師的旗號向其左師報捷，催促左師快速進軍。楚軍左師信以為真，乘勝追擊晉軍，結果陷入了晉軍的埋伏圈，被殺得丟盔棄甲，幾被全殲。

就這樣，晉楚城濮之戰以晉軍大獲全勝而告終。

回國之後，晉文公大宴群臣，對有功將士封官加爵。群臣看到雍季的功勞排在狐偃的前面，覺得很奇怪，就問文公：「城濮之戰，主公是按舅犯的謀劃進行的。但現在卻把他的功勞排在後面，這樣做恰當嗎？」

文公說：「你們不懂，這樣做是有道理的。舅犯的話，講的是一時之計；雍季的話，講的是長遠之計。一時之計怎能和長遠之計相比呢？」

孔子對文公的做法稱讚不已，說他既知一時之計，又知長遠之計。韓非卻認為，雍季的言論是答非所問，按他說的去做，就會打敗仗，國亡兵弱，身死名滅。其實，舅犯強調的是怎樣對待敵人，雍季說的是怎樣對待部下。當此之時，舅犯所言作用更大，獎賞應在雍季之前。

堅盾利矛不並立

【名言】

不可陷之盾與無不陷之矛，不可同世而立。

——《難一第三十六》

【要義】

不可能被刺穿的盾和沒有什麼不能刺穿的矛，是無法同時存在的。

「矛盾」一詞即典出於此。矛盾是事物內部對立統一的兩個方面。形式邏輯中有矛盾律：同一時間、同一關係下對同一對象所作的相互對立的兩個判斷不能同時都真，其中必有一假。換句話說，違反矛盾律就是「自己打自己的嘴巴」。

【故事】

楚國有個鐵匠，專門經營兵器。他鑄造的兵器有矛、斧、鉞、刀、棍、盾等十多種，其中他最擅長的是製作長矛和盾牌。

這天，鐵匠又帶著自造的兵器來集市上銷售。他擺好場子，就大聲吆喝，招徠顧客。有些人漸漸地圍攏過來了，鐵匠很興奮，就舉起盾牌向大家介紹著。他的盾牌用犀牛皮製成，橢圓形，大小、厚薄、輕重，無不合適。盾牌上面還用青銅鑄有一隻猛獸，神態十分逼真，猙獰可怖。「大家都來看看，我的盾牌是最堅固的盾牌！」鐵匠誇耀說，「別看它不厚，任何東西也刺不穿它！」

然後他揮動盾牌上下騰挪，十分矯健。他又叫周圍的人用木棒、刀斧向自己砍來，他揮盾阻擊，絲毫不傷。

圍觀的人群發出陣陣歡呼和讚嘆之聲。可是大家看完，卻沒有一個人想要買的意思。

鐵匠有些失望，於是，他又拿起長矛向人們推銷。他的長矛也很奇特。矛頭非常堅硬、鋒利，在陽光下熠熠閃光，矛的刃寒氣逼人。長矛是裝在一支木柄上的，在柄與矛頭相接的地方，飄灑著一束鮮豔的紅纓，顯得很漂亮。鐵匠握著長矛舞動起來，只見銀光閃閃，紅纓飄飄，確實威武極了。忽然，鐵匠猛地停下，拿著長矛朝旁邊的大樹上使勁一刺，竟然刺進去一尺來深，幾乎整個矛頭都沒了進去。

在人們的驚嘆聲中，鐵匠拔出長矛，交給大家驗看：長矛依然如故，一點也沒受損害。

鐵匠得意洋洋地說：「我的矛無堅不摧，任何東西都能刺穿！」

這時，突然從人群中傳來一個聲音問道：「用你的矛刺你的盾，會是怎麼樣呢？」

鐵匠聽完這話，愣了半天，滿臉通紅，答不上來，只好在人們的哄笑聲中灰溜溜地收攤走了。

惠盜者傷民

【名言】

惜草茅者耗禾穗，惠盜賊者傷良民。

——《難二第三十七》

【要義】

愛惜茅草便會損壞莊稼，寬容盜賊便會傷害良民。韓非認為，對惡人仁慈，就是對善人殘酷。減輕刑罰，實行寬惠，是有利於奸邪而傷害好人的，這不是可以用來治國的辦法。

【故事】

晏嬰是齊國名相，機智勇敢，聲聞諸侯，被人尊稱為晏子。齊景公很敬重他。

這天，景公帶著隨從去晏子家看望他。

晏子的家就在市場邊，宅院很小，院門與普通百姓家毫無區別。景公一行穿過市場熙熙攘攘的人群，好不容易來到晏子的家門口，下了馬，就徑直往裡走。

晏子得報，出門迎接。施過禮後，君臣一起進屋落座。

景公打量著晏子的客廳：房子面積不大，室內陳設也很簡單。坐在客廳裡，仍可以聽到集市上的嘈雜聲和吵鬧聲，也可以聞到市場上特有的那種混雜的氣味。

景公頗有感觸，對晏子說：「先生府邸太小了，根本與相國的身分不相符嘛！而且這地方聲音嘈雜，氣味難聞得很。請先生讓人收拾收拾，搬到豫章園林去吧。我已經為您安排好了，那裡房屋寬敞，環境也幽雅。」

晏子再三拜謝，堅辭不受，他說：「多謝主公好意！但臣在這裡住慣了，不想離開。而且，臣家裡人口多，緊鄰著市場，買東西也方便，不能把家搬得太遠。」

景公見他態度堅決，也就不再堅持，話鋒一轉，笑道：「先生家裡熟悉市場情形，可知道現在什麼東西便宜，什麼東西貴嗎？」

當時正值景公用刑很多，特別是刖（刖音ㄩㄝˋ）刑使用頻繁。所謂「刖刑」，就是砍去犯人的腳或腳趾的一種刑罰。受過這種刑罰的人不能穿正常人的鞋子，而必須配上一種特製的假腳。這種刑罰在當時還算是比較輕的。晏子想到這一點，就回答說：「假腳昂貴，鞋子便宜。」

景公覺得很奇怪：「這是為什麼呢？」

晏子說：「因為受刑的人很多。」

景公聽了大吃一驚，臉色都變了，說：「寡人太殘暴了嗎？」

於是，他下令廢除了五種刑罰。

晏子委婉進諫，可謂高明。在近乎閒聊的對話中使景公自動減輕了刑罰，可謂善諫者。

而韓非不以為然，他認為晏子這樣做犯了沒有認清事理的錯誤。在他看來，就刑罰而言，如果恰當，就不存在多的問題；如果不恰當，再少都不能算少。晏子不論刑罰恰不恰當，卻只說太多，這就是不擅法治之術的表現。

勿令斬首者為醫、匠

【名言】

斬首者令為醫、匠，則屋不成而病不已。

——《定法第四十三》

【要義】

讓殺敵立功的人去做醫生或工匠，那麼他房屋也蓋不成，病也治不好。殺敵立功靠的是勇氣和計謀，蓋房治病靠的是手藝和技巧。隔行如隔山，混用兩不全。韓非子藉此說明人盡所長、量才錄用的必要性。

【故事】

有一次，一個叫甘戊的人出使齊國，前去遊說齊王。走了幾天，來到一條大河邊。河上沒有橋，甘戊無法向前。等了一會兒，遠遠望見有一艘船，他便喊船夫靠岸渡他過河。

船夫划著船靠近岸邊，見甘戊一副士人打扮，便問：「你要過河做什麼？」

甘戊說：「我要到齊國去，替我的國君遊說齊王。」

船夫滿不在乎地指著河水說：「這條河只不過是個小小的縫隙而已，你都不能靠自己的本事渡過去，又怎麼能替國君充當說客呢？」

甘戊反駁船夫說：「你說得並不對呀。你不瞭解世上的萬事萬物，它們各有各的道理，各有各的規律，各有各的長處，也各有各的短處。比方說，兢兢業業的人忠厚老實，他可以輔佐君王，卻不能替君王帶兵打仗；千里馬日行千里，為天下騎士所看重，可是如果把牠放在室內捕捉老鼠，那牠還不如一隻小貓管用。寶劍干將是天下少有的寶物，它鋒利無比削鐵如泥，可是給木匠拿去砍木頭的話，它還比不上一把普通的斧頭。就像你我，要說掄槳划船，在江上行駛，我的確遠遠比不上你；可是若論出使大小國家，遊說各國君主，你能跟我比嗎？」

船夫聽了甘戊一席話，頓時無言以對，也似乎長了不少知識。他心悅誠服地請甘戊上船，送他過河。

治亂由道

【名言】

道私者亂，道法者治。

——《詭使第四十五》

【要義】

這是韓非總結《詭使》全篇而提出的一個著名論點，說明「道私」、「道法」兩種不同的取向會導致兩種不同的結果。傾向於私行的，社會必然混亂；傾向於法的，社會一定大治。法令得以貫徹，私行就會廢止。法治就是維護公道。

【故事】

子產，名僑，是鄭穆公的孫子，所以人們又叫他公孫僑。

子產的父親當過鄭國司馬，他從小受家庭薰陶，年輕的時候就非常有政治頭腦。鄭簡公時，有一次發兵攻打蔡國，很輕易地取得了勝利，全國上下一片歡聲，只有子產很不以為然。他對父親說：「蔡是楚的屬國，楚王肯定要替蔡國報仇，咱們能打得過它嗎？如果投降了它，那麼北邊的晉國又要來興師問罪。咱們夾在中間，被兩邊打來打去，還有安生的日子嗎？」他父親聽了很生氣，罵道：「你一個乳臭未乾的孩子家懂什麼？要是隨便到外面去議論國事，是要被砍頭的！」

事情卻不幸被子產言中。就在這一年冬天，楚國藉口替蔡國報仇，興兵伐鄭，鄭國無力抵抗，只得屈服。消息傳到晉悼公那裡，他氣憤地對鄭使臣說：「你們打不過楚國，為什麼不早來告訴一聲？既然現在投降了，我將帶領中原諸侯到你們都城下見面。」次年冬天，晉國來打鄭國，鄭國只好又投向晉國懷抱。待到晉兵剛退，楚國又來問罪了。這樣你來我往，弄得鄭國上下人心惶惶，好幾年不得安寧。

晉悼公第一次打過來的時候，鄭國有一批奴隸趁機起來暴動，殺掉了幾個有勢力的大夫，還要求執掌鄭國大權的子孔燒毀丹書（有關奴隸身分的文書）。子孔想用暴力鎮壓，要把鬧事的人全殺了。子產站出來反對說：「萬萬使不得，你還是依了眾人把丹書燒了吧。」

子孔說：「要是眾人起來反對就聽了他們，那不是由眾人來執政嗎？今後國家還治得了嗎？」

子產說：「俗語說眾怒難犯。在這個緊要關頭，你要是一意孤行，局面將不可收拾。不如馬上燒了丹書，以安定人心。」

子孔仔細一想，即使動用軍隊也不一定能平息暴動，弄不好被內外夾擊，後果不堪設想。他害怕起來，就聽了子產的勸告，當著眾人把丹書燒了。一場暴動，就這麼輕易地平定下來，不少奴隸得到了釋放。

周景王二年（前五四三年），鄭簡公起用子產當了正卿，執掌鄭國的大權。當時的鄭國是一個商業較為發達的國家，但舊貴族的勢力也還十分強大，他們可以隨意用刑罰來壓迫商人和反對他們的人。子產的前任子駟因為整頓田地疆界，佔用了一些貴族的土地，這些貴族就動用家臣作亂，殺死了子駟和一些當政的大夫。子產接任後，並沒有被嚇倒，為了實現自己富國強兵的抱負，他繼續進行社會改革。他下令劃清田地疆界，挖好溝渠，承認土地私有，在私田上按田收稅，把農民按規定進行編制，這就限制了舊貴族，使他們不能任意兼併掠奪。他還規定：農民有戰功的，可以做甲士，擔任小官吏，這就打破了以往對甲士身分的限制。

子產的一些改革措施遭到了舊貴族的強烈反對。他執政剛一年，他們編了一首歌謠來詛咒他。歌謠說：

硬逼我把好衣帽收藏在家，
還要把我的田產啊左查右查，
誰要是來殺子產啊，
我一定踴躍參加！

子產聽了，毫不動搖，他對人說：「只要對國家有好處，我死也要做到底。行善政不能中途改變，我一定堅持下去。」

子產對善意的意見很能虛心採納。他提倡文教，在各地設立了鄉校。一些人經常聚集在鄉校裡，議論國家大事，批評朝政。有人就勸子產把這些鄉校關閉了，子產說：「人們能夠議論、批評，這不是很好嗎？他們喜歡的好事情，咱們應當多做；他們所討厭的壞事情，咱們就應當改正過來。他們正是咱們的老師，為什麼要阻止他們說話呢？」他又說：「把人家的口堵住，不讓人家講話，好比堵截河水，一旦決了口，洪水沖出來危險就更大，倒不如留個小小的缺口，讓水慢慢流出來。」一番話，說得想關閉鄉校的人心服口服。

子產執政的第二年，隨著鄭簡公上晉國去朝貢。晉平公輕視鄭國，既不會見，又不派大臣招待他們，把他們晾在諸侯的使館裡不管了。子產認為晉國做事太無理了，他不動聲色，吩咐隨從人員拆毀使館的外牆，把車馬擱在裡面。

晉國的大夫見了，責備子產不該目無晉國尊嚴，隨便拆毀使館圍牆。子產回答說：「鄭國是個小國，夾在大國當中，納稅、進貢都得聽從大國的吩咐，從不敢怠慢，才能過安靜的日子。這一回咱們準備了賦稅、財物，由國君親自送到貴國來。但你們一直沒時間，不安排會見，又不知什麼時候才能會見。咱們既不敢冒昧送去，又不敢把這麼貴重的東西暴露在外邊。你看，招待來客的使館簡陋得像奴僕的住房，大門矮小得連車輛也進不去，咱們不把圍牆拆了，讓車馬進入，萬一出了意外，你們不又要加罪咱們了嗎？」一席話說得對方啞口無言。

他們趕緊回去向晉君報告。晉相國趙武聽了，說：「還有什麼可說的？趕快向他們道歉吧！」隨後，晉平公就十分隆重地會見了鄭簡子和子產，還舉行盛大宴會，歡送他們回國。這一回，子產為鄭國贏得了尊嚴，回去以後，威信就更高了。他執政的第三年，鄭國又流傳著一首歌謠。歌謠裡唱道：

我們有子弟啊，子產來開導，
我們種田地啊，子產來指導，
假如子產死了啊，
還有誰像他一樣好？

這可見子產已經得到大家的擁護。到了周景王九年（前五三六年），子產下令用金屬鑄了個很大的寶鼎，把原來刻在竹簡上的鄭國刑法一條一條地鑄在了鼎上。他讓人把鼎安置在王宮門口，使老百姓人人都能夠看到。這個鼎，就是春秋時期著名的「刑鼎」。

刑鼎一鑄成，又一次遭到了鄭國貴族的強烈反對，其他諸侯國中也有不少人批評子產。他們認為刑法一經公佈，老百姓心裡就有了底，就用不著再怕貴族和官吏了。老百姓只看刑鼎上的條文，而不看貴族、官吏的臉色，這就是不分上下尊卑，哪還能治理百姓呢？但子產堅持說：「我這樣做就是為了治國救世！」鄭國的商人、地主和平民百姓都十分歡迎公佈刑法，他們把刑鼎看成是保障自己利益的「鐵券」，因此，心更向著子產了。

從西元前五四三年到前五二二年，子產共執政二十餘年。在這段時間裡，他治理鄭國，取得了很大的成績。國家安定了，生產發展了，老百姓也得到了不少好處。據說子產死的時候，鄭國人像死了自己的親人一樣悲傷，萬人空巷地為他送葬。

事至而結智、一聽而公會

【名言】

事至而結智、一聽而公會。

——《八經第四十八》

【要義】

結智，集中眾人的智慧。一聽，一一聽取。這句話的意思是：遇到事情就要集中眾人的智慧，一一聽取意見，然後把大家集合起來議論。

俗話說：三個臭皮匠，勝過一個諸葛亮。韓非認為，君主不能僅憑個人智力進行統治，而必須利用臣下的一切智慧和力量，一一聽取，集合議論，果斷而有主見地採取其中的一種意見，這樣才能敵過眾人的智慧而勝過萬物。

【故事】

周簡王元年（前五八五年），楚國攻打鄭國。鄭國小，打不過楚國，就向晉國求救。晉景公派大將欒（欒音ㄌㄨㄢˊ）書率兵救鄭。

晉軍開到鄭國，很快與楚軍相遇。楚軍見晉軍兵多勢猛，就退兵了。欒書不想一無所獲就回師晉國，就順路攻打了蔡國。蔡國原跟楚國結盟，就趕緊向楚國求救。楚國雖不想跟晉國作戰，但蔡國既來求援，不能袖手旁觀，就派了公子申和公子成各領自己所轄縣的軍隊前去援蔡。

楚軍退而復來，晉國大將趙同和趙括向主帥欒書請戰，欒書同意了。正當兩位大將要領兵出戰的時候，晉軍中另外幾位將領知莊子、范文子和韓獻子對欒書提出意見說：「楚軍既然退而復來，說明準備很充分。我們跟他們打仗，勝了，不過是打敗楚國兩個縣的軍隊，沒有什麼光彩和好處；敗了，那就是奇恥大辱了。不如按原計劃收兵回國。」

欒書一分析，覺得他們三人說得有理，就取消了作戰的命令。晉軍中有不少將士原來打算跟楚軍打一仗，但現在主帥又命令不打了，覺得想不通，就對欒書說：「一個人跟大多數人意見一致，辦事才能成功。您是主帥，部下有十一位將領，只有三人不主張打仗，想打仗的是多數人，您為什麼不跟多數人在一起呢？」

欒書回答說：「正確的意見才能代表大多數。知莊子等三位提的意見有理，能夠代表大多數人。我採納他們的意見是應該的。」

於是，欒書率領晉軍回國了。

又過了兩年，欒書又率兵出戰。他攻打了蔡國，本打算繼續攻打楚國。知莊子、范文子、韓獻子三人又來見欒書說：「我們打了一仗，將士已經疲勞，而楚國已有準備，以逸待勞地等我們去攻打，戰爭可能會不利。不如回國途中去襲擊沈國。」

欒書又同意了他們的意見，沒有去打楚國，卻輕易地打敗了沈國。

欒書作為主帥能夠虛心聽取部下的意見和建議，每一次對作戰的方針都做了正確的選擇。因此，避免了失誤，取得了勝利。人們稱讚欒書說：「欒書能夠聽取好的建議和正確的意見，可說是『從善如流』。」

論世之事為之備

【名言】

不期修古，不法常可，論世之事，因為之備。

——《五蠹第四十九》

【要義】

常可，永遠適宜的辦法，即陳規。因，從而。備，準備、採取措施。不期望照搬古法，不死守陳規舊俗，而是根據當前社會的實際情況，進而制定相應的措施。

人類歷史是不斷發展的，新興必然戰勝腐朽。因此必須根據不同時代的不同特點，制定相應的政治措施，而絕不能因循守舊，故步自封，否則就會鬧出「守株待兔」一樣的笑話。

【故事】

宋國有個農夫，靠著家裡的幾畝薄地生活。碰上風調雨順之年，一家人的溫飽問題基本上能夠解決；遇到水旱災害，就只好靠野菜充飢。幹活累了的時候，農夫躺在地頭的樹蔭下也免不了做做白日夢：要是有一天我不勞動也能有吃的，該多好啊！

這一天，夢想還真的變成了現實。

農夫的地頭本有幾棵碗口粗的樹，其中一棵因天旱蟲蛀枯死了。農夫鋸了樹，扛回去搭房建屋了，只留下一個兩三尺高的樹樁。

這一天上午，農夫照常在田裡工作。天氣很熱，做了一個時辰後，農夫已是汗如雨下，他就停了下來，坐在離樹樁不遠的樹蔭裡乘涼休息。

忽然，一隻野兔從草叢裡衝出來，箭一般地向農夫這邊奔來。因為樹蔭很暗，野兔到了跟前才猛然發現了農夫，牠一驚，往旁邊一偏，正好撞在樹樁上，被樹樁彈回來，倒在地上不動了。農夫連忙過去一看，原來野兔的脖子撞斷了。農夫很高興，撿起撞死的野兔，帶著農具回家了。

這天中午，農夫一家飽餐了一頓香噴噴的兔子肉。

下午，當農夫再次來到田裡的時候，他還在回想著兔子肉的滋味。他尋思道：「要是我每次來田裡都能撿到兔子就好了！」

他愈想愈開心，真的就不做事了，仍去坐在上午坐過的地方，等著再有兔子撞死在樹樁上。然而，坐了整整一個下午，連兔子的影子也沒見到。

農夫沒有洩氣，第二天、第三天……他仍去坐在原來的地方，等著撿死兔子。他總是想：再耐心等一等吧，說不定就要撿到了。

一個月過去了，農夫什麼也沒有等到。他的土地荒蕪了，他自己則成了人們的笑柄。

賞信罰必，法一而固

【名言】

賞莫如厚而信，使民利之；罰莫如重而必，使民畏之；法莫如一而固，使民知之。

——《五蠹第四十九》

【要義】

施行獎賞最好是豐厚而且兌現，使人們有所貪圖；進行刑罰最好是嚴厲而且肯定，使人們有所畏懼；法令最好是一貫而且固定，使人們都能明白。

重賞之下必有勇夫，嚴刑之下必無懦夫。其中還包含一個條件，那就是信賞必罰，言出必踐。取得人民的信任，乃是執政者取得成功的一個基本條件。

【故事】

魏武侯在位時，吳起曾擔任西河這個地方的太守。西河西邊就是秦國，秦國有個崗亭靠近魏邊境。駐守崗亭的秦國士兵經常來西河騷擾，或搶走農民的耕牛，或凌辱這一帶的婦女，或偷割成熟的莊稼，西河百姓深受其害。因此，吳起一來，就決心拔掉這個釘子。

可是，吳起手下兵力不足，臨時徵兵又很難徵到。怎麼辦呢？他想了一個主意。

一天，吳起叫人把一根車轅子搬到北門外面，並把它斜靠在北門的一側，旁邊貼張告示：「如果有人能將這根車轅子搬到南門外面，本太守將賞給他良田二十畝，上等住宅一間。」落款處是吳起的親筆簽名，並赫然蓋著「西河太守」的大印。

消息很快傳開了，許多人圍著車轅子議論紛紛。有的說，車轅子那麼輕，搬到南門也不遠，賞賜怎麼會這麼豐厚呢？有的說，太守怕是在跟老百姓開玩笑吧？議論歸議論，就是沒有人動手去搬。

一直到傍晚時分，北門來了一個二十多歲的小夥子。他看了看告示，又看了看車轅子，將信將疑地問那負責監守的士兵：「這是真的嗎？」

那士兵回答：「你沒有見太守的大印嗎？」

小夥子心裡還有些狐疑，但他決定試一試。於是，他扛起車轅子，邁開大步，穿過繁華的鬧區，一直走到南門外面，小夥子身後跟著一大群看熱鬧的人，他們一方面嘲笑小夥子做白日夢，想得到天上飛來的橫財，另一方面也想看看結果究竟如何。

負責監守的士兵看見車轅子送到了指定地點，就領著小夥子進了太守府。不一會兒，小夥子出來了，他滿心歡喜，手裡拿著太守賞給的田契和房契。看熱鬧的人見了，眼紅得不得了，後悔當初自己為什麼不試一試。

第二天，吳起又叫人把一石豆子放在東門之外，貼出告示說：「如果有人把這石豆子送到西門外面，本太守將像昨天一樣給予獎賞。」落款處依然是吳起的親筆簽名和西河太守的大印。

這一次，人們都爭著去搬豆子了。搬運的人同樣得到了賞賜。自此以後，西河百姓都知道了新來的太守言出必踐，很守信用。

吳起看時機已經成熟，就貼出第三張告示：「本太守明天將領兵攻打秦國崗亭，為西河百姓除害。現在大量徵收壯丁，希望大家積極參軍。攻打崗亭時，首先攻上去的，將封為國家的大夫，賞給上等的住宅和田地。」落款處當然還是吳起的親筆簽名和西河太守的大印。

百姓見了告示，都爭著報名參軍，不一會兒就徵集了足夠的兵丁。第二天，吳起率領人馬向秦國崗亭發起猛攻，將士們個個奮勇爭先，一個早晨就把秦國崗亭拿下來了。

宰相、猛將之選拔

【名言】

明主之吏，宰相必起於州部，猛將必發於卒伍。

——《顯學第五十》

【要義】

州部，古代一種基層行政單位。卒伍，指軍隊的基層單位。這句話的大意是：英明君主的官吏，宰相一定是從地方官中選拔上來的，猛將一定是從士兵隊伍中挑選出來的。溫室裡育不出參天松，籠子裡養不出搏天鷹。透過實際工作的考驗來選拔將相大臣，是韓非提出的任命官吏的原則。

【故事】

趙括是趙國大將趙奢之子，從小隨父親讀兵書，學兵法。他聰明，記性好，背下了不少兵法。跟父親議論起用兵、打仗來，海闊天空，頭頭是道。到後來，連趙奢也難不倒他。

母親看見兒子小小年紀就能說會道，這麼有出息，心想，長大了一定是個難得的將帥人才，她高興地對趙奢說：「咱們家的括兒，就是跟別人不一樣，真是龍生龍，鳳生鳳，將來咱們趙家，又要出一員大將啦！」

趙奢嘆氣，說：「唉，妳只知其一，不知其二，括兒根本不是當將領的材料。」

「瞧你說的，括兒每天起早摸黑地讀兵書，背兵書，談起打仗來比你還強，為什麼不能當將軍？」母親不服氣地說。

趙奢回答：「你不知道，用兵是最危險的事，它關係到生死存亡。我打了這麼多年的仗，每回出征，還是如履薄冰，絲毫不敢大意。括兒目空一切，狂妄自大，只會夸夸其談，以為熟記了兵書就能天下無敵；要是真讓他去領兵打仗，非葬送趙國的軍隊不可。」

誰也沒想到，趙奢對兒子的擔心，後來竟成為事實。

孝成王四年（前二六二年），秦將王齕（音ㄏㄜˊ）奉命帶兵攻打韓國，割斷了上黨地區（今山西東南）與韓國的聯繫，等待上黨守將馮亭投降。

韓將馮亭想：投降秦國，不如投降趙國，投降了趙國，秦國必然攻打趙國。趙國就會聯合我們韓國共同抗秦。他派人到邯鄲去見孝成王，獻上了上黨地區的地圖，說：「上黨眼看就要被秦國佔領，可是上黨的官吏和百姓，寧願歸順趙國也不願投降暴秦。請大王把上黨管轄的十七座城池收下，將金銀財物賞賜給百姓。」

趙孝成王一聽此話，欣喜若狂，他把平陽君趙豹找來，說：「馮亭要把上黨地區劃歸我們趙國啦！」

趙豹皺著眉頭聽完後，搖搖頭說：「無故之利，受之有禍，大王，請三思。」

趙孝成王不高興了，說：「上黨的百姓認為寡人是個明主，願意跟隨我，怎麼能說是無故之利呢？」

趙豹解釋說：「秦國蠶食韓國，孤立了上黨地區，其最終目的是要佔領上黨。現在趙國把上黨接收了過來，大王您想秦王能心甘情願拱手相讓嗎？馮亭不降秦而歸趙，是想嫁禍於趙國啊！」

趙孝成王撇撇嘴，冷笑了兩聲，說：「往常出動百萬大軍，經年歷歲，也難得到一座城池。現在有十七座城池白白送上門來，到嘴的肥肉為何不吃？」

趙豹見說服不了孝成王，只好憂心忡忡地退出宮去。

趙孝成王又把平原君趙勝找來商量。趙勝一聽，擊掌稱好，他大笑著說：「哈哈，我們坐守邯鄲，不用一兵一卒，十七座城池從天而降，這等好事，大王千萬莫要失去良機。」

趙孝成王開心得眉飛色舞，說：「你和寡人的想法一致。」

於是，趙孝成王派了老將軍廉頗率領二十萬大軍，鎮守上黨地區，駐紮在長平（今山西高平西北）。廉頗一到長平，知道秦軍強大，但長途跋涉，遠道而來，就吩咐部下修築堅固的工事，堅守陣地，做長期防禦的戰略打算。不管秦軍怎樣挑釁，廉頗就是不出城一步，使秦軍無用武之地。

秦軍攻了兩年，沒有前進一步。大批秦軍駐紮長平城外，糧草靠國內運來，山高水遠，極不方便，長期下去，將士們漸漸感到了厭倦。

秦昭襄王知道趙國老將廉頗老謀深算，英武不減當年，不能硬攻，而趙奢有個兒子，是個只會夸夸其談、絲毫沒有實戰經驗的角色，便想出了個「反間計」。他派宰相范雎（音ㄐㄩ）的一位心腹門客偷偷潛入邯鄲，用金銀珠寶賄賂趙王左右的親信，透過他們散佈流言，說什麼：「廉頗年老膽小，不中用了，他是秦軍手下的敗將，只會做縮頭烏龜。秦軍最害怕的還是趙奢的兒子趙括。他年輕有為，比他老子本事大，如替換廉頗，秦軍就完蛋。」

趙孝成王本來就對廉頗堅壁不戰很不滿，曾幾次催他應戰，但廉頗不服從。現在聽左右親信這麼一說，便信以為真，於點將台召見趙括。

趙孝成王問趙括：「你能把秦兵打退嗎？」

趙括本來就以為自己天下第一，馬上接口說：「要是秦軍領兵是詭計多端的名將白起，我還得費點勁兒收拾他。可現在是王齕這個無名之輩，沒打過什麼大仗，只是命好，碰上了縮頭烏龜廉頗，他才能撐那麼久。要是我啊，早就像秋風掃落葉一樣，呼啦啦的一陣風，把王齕掃得無影無蹤了！」趙孝成王萬分高興，當場賜給趙括金銀，封他為大將，率領一支援軍，去接替老將軍廉頗。

這消息傳到藺相如的耳朵裡，他十分震驚。藺相如硬撐著病體，讓人攙扶著進宮去見趙王，他對趙王說：「大王用趙括為將，就好像用一根粗木棒彈弄琴瑟一樣。趙括只能讀讀他父親的兵書，根本不懂如何打仗，這會誤大事的。」

趙孝成王聽不進藺相如的勸告，仍然不改成命。

趙括的母親知道了，她想起丈夫生前的話，就勸說兒子不要當元帥。趙括理也不理，說：「您跟趙王說去，反正我主意已定，非打敗秦國不可，要叫天下人都知道我趙括。」趙母只好拄著柺杖來到宮中，向趙孝成王懇求：「知子莫若母，我認為萬萬不可用趙括為將。」

趙孝成王不解，問為什麼。趙括母親說：「我丈夫臨終前曾留下遺囑。他說：『趙括這孩子自以為讀了點兵書，經常高談闊論軍爭，連我也不放在眼裡。實際上，他那是紙上談兵。兩軍對壘作戰，是你死我活的事情，必須戰戰兢兢，謹慎小心。他這樣目空一切，是一定要吃敗仗的。將來如趙王用他為將，妳一定要阻止，免得害了國家，也禍及自己。』所以，請大王另擇良將吧。」

趙王卻說：「我已決定了，妳不要再管。」

於是趙括的母親就請求如果趙括戰敗，不要讓她全家連坐。趙王答應了她的要求。

周赧王五十五年（前二六〇年），趙括帶領二十多萬大軍浩浩蕩蕩地開赴長平關，從廉頗手裡接管了兵權。於是趙括就掌握了四十餘萬大軍的指揮權。這時他忘乎所以，一改廉頗原來高壘深壑固守的辦法，下令將所築軍壘全部拆除，又把廉頗手下的大部分將官撤換下來，都換上了他新提拔的軍官。然後，趙括派人去向王齕下戰書，與秦軍來日決戰。

王齕批回戰書，答應決戰，然後將秦軍後退十里安營。

趙括以為王齕後退安營是怕他，就更加得意洋洋。他按兵書上的講法，命令將士作戰時要一鼓作氣，勇往直前。他揚言這次要生擒王齕，給諸侯各國做個大敗秦軍的榜樣。

哪知此時范雎已派白起暗中來到王齕營中接管了指揮權。白起已調度秦軍部署完成，就等趙括鑽進去了。

到了決戰那天，趙括命令四更吃飯，五更列隊，天剛亮就帶領趙軍向秦軍發動了大規模的進攻。秦軍前鋒、秦將王賁（音ㄅㄣ）只戰幾個回合就佯敗而走。趙括率軍就追，一直追到秦軍的大本營處。秦軍不出戰，趙括一連攻了幾天，毫無結果。這時後面忽然來報，趙軍的大隊被秦將胡傷領兵攔腰截成了兩段。趙括這才有點緊張，忙帶兵往後，去迎戰胡傷。但軍

隊剛剛開始從左路迂迴，秦軍大將蒙驁（音ㄠˊ）就從斜刺裡殺出，大叫：「趙括，你中了我們武安君的計了！」趙括一聽白起也來參戰了，不由得心中著了慌，忙指揮軍隊抵抗，不防秦將王翦的兵又到，和蒙驁兩面將趙軍圍了起來。這時天色已晚，趙軍將領馮亭對趙括說：「將軍趕快帶軍隊衝出去，否則秦軍的增援再趕到，就出不去了。」

但趙括仗著趙軍眾多，下令就地安營固守，他要讓軍隊休整一下，明天再突圍。並且又引用兵書上的話說：『置之死地而後生。』形勢愈嚴峻，軍隊的士氣會更高漲的。」誰知戰機一失，就再也無法挽回了。白起連夜帶大隊秦軍從正面壓了過來，後面胡傷的軍隊又回頭與王翦、蒙驁的軍隊聯合進攻，使趙軍腹背受敵。秦軍終於將趙括的軍隊團團圍在了核心。

秦王得到前線圍住趙軍的消息，又親自帶兵前來接應，截斷了趙軍的糧道和援兵的通道。就這樣，趙括的軍隊被圍了整整四十六天，終於糧絕。不得已，趙括命令軍隊分四路四面突圍，但每路都被秦軍用預先埋伏好的弓箭手射回。又堅持了一段時間，軍士已餓死不少，開始人吃人了。實在沒有辦法，趙括只好親自率五千精兵拚死衝殺，想殺出一條血路。但是他自己也被秦軍亂箭射死了。

趙括死後，白起命秦軍豎起了一面大白旗招趙軍投降。四十萬趙軍已身陷絕境，只好丟下武器，通通成了俘虜。

典藏中國：

01	三國志 -- 限量精裝版	秦漢唐	定價：199元
02	三十六計 -- 限量精裝版	秦漢唐	定價：199元
03	資治通鑑的故事 -- 限量精裝版	秦漢唐	定價：249元
04	史記的故事 -- 限量精裝版	秦漢唐	定價：249元
05	大話孫子兵法 -- 中國第一智慧書	黃樸民	定價：249元
06	速讀 -- 二十四史 -- 上下	汪高鑫李傳印	定價：720元
08	速讀 -- 資治通鑑	汪高鑫李傳印	定價：380元
09	速讀中國古代文學名	汪龍麟主編	定價：450元
10	速讀世界文學名	楊坤　主編	定價：380元
11	易經的人生64個感悟	魯衛賓	定價：280元
12	心經心得	曾琦雲	定價：280元
13	淺讀《金剛經》	夏春芬	定價：200元
14	讀《三國演義》悟人生大智慧	王　峰	定價：240元
15	生命的箴言《菜根譚》	秦漢唐	定價：168元
16	讀孔孟老莊悟人生智慧	張永生	定價：220元
17	厚黑學全集【壹】絕處逢生	李宗吾	定價：300元
18	厚黑學全集【貳】舌燦蓮花	李宗吾	定價：300元
19	論語的人生64個感悟	馮麗莎	定價：280元
20	老子的人生64個感悟	馮麗莎	定價：280元
21	讀墨學法家悟人生智慧	張永生	定價：220元

智慧中國

01-1	莊子的智慧 - 軟皮精裝版	葉　舟	定價：280元
02-1	老子的智慧 - 軟皮精裝版	葉　舟	定價：280元
03-1	易經的智慧 - 軟皮精裝版	葉　舟	定價：280元
04-1	論語的智慧 - 軟皮精裝版	葉　舟	定價：280元
05	佛經的智慧	葉　舟	定價：240元
06	法家的智慧	張　易	定價：240元
07	兵家的智慧	葉　舟	定價：240元
08	帝王的智慧	葉　舟	定價：240元
09	百喻經的智慧	魏晉風	定價：240元
10	道家的智慧	張　易	定價：240元
10-1	道家的智慧 - 軟皮精裝版	張　易	定價：280元
11	菜根譚大智慧	魏晉風	定價：280元
12	心經的智慧	何躍青	定價：240元

先秦經典智慧名言故事

張樹驊主編　　沈兵稚副主編

給國、高中生最佳的課外讀物，短期內提升國學程度的經典

01	《老子》《莊子》智慧名言故事	林忠軍	定價：240元
02	《孫子兵法》智慧名言故事	張頌之	定價：240元
03	《詩經》智慧名言故事	楊曉偉	定價：240元
04	《周易》智慧名言故事	李秋麗	定價：240元
05	《論語》智慧名言故事	王佃利	定價：240元
06	《孟子》智慧名言故事	王其俊	定價：240元
07	《韓非子》智慧名言故事	張富祥	定價：240元
08	《禮記》智慧名言故事	姜林祥	定價：240元
09	《國語》智慧名言故事	牟宗豔	定價：240元
10	《尚書》智慧名言故事	張富祥	定價：240元

國家圖書館出版品預行編目資料

《韓非子》智慧名言故事 / 張富祥 編

-- 一版. -- 臺北市 :廣達文化，2010.04

; 公分. -（經典智慧名言叢書：07)（文經閣）

ISBN 978-957-713-436-3 (平裝)

1. 韓非子 2.格言 3.通俗作品

121.67 99003044

本書感謝齊魯出版社授權出版

經典智慧名言叢書：07

《韓非子》智慧名言智慧

編者：張富祥

主編：張樹驊
副主編：沈冰稚

文經閣
出版者：廣達文化事業有限公司
Quanta Association Cultural Enterprises Co. Ltd

發行所：臺北市信義區中坡南路路 287 號 4 樓
電話：27283588　傳真：27264126
E-mail：siraviko@seed.net.tw

本公司經臺北市政府核准登記 登記證為局版北市業字第九三二號
印　刷：卡樂印刷排版公司　　　裝　訂：秉成裝訂有限公司

代理行銷：創智文化有限公司
臺北縣中和市建一路 136 號 5 樓　電話：22289828　傳真：22287858

一版一刷：2010 年 04 月

定　價：240 元

本書如有倒裝、破損情形請於一週內退換 版權所有　翻印必究 *Printed in Taiwan*

文經閣

貧者因書而富
富者因書而貴

文經閣

貧者因書而富
富者因書而貴